COLEÇÃO

Big Data

IMPLEMENTAÇÃO DE BIG DATA

Prof. Marcão - Marcus Vinícius Pinto

ISBN: **9798310285392**

Selo editorial: Independently published

Sumário.

1 Prefácio.

Bem-vindo ao livro Implementação de Big Data, parte da renomada coleção Big Data, que se tornou referência para aqueles que buscam dominar os desafios e oportunidades do mundo dos dados em larga escala.

Este volume foi cuidadosamente elaborado para ser um guia prático e abrangente, destinado a profissionais que desejam não apenas entender, mas também aplicar os conceitos de Big Data em suas carreiras e organizações.

Vivemos em uma era em que os dados são o novo petróleo. Eles impulsionam decisões, moldam estratégias e criam vantagens competitivas. No entanto, a implementação eficaz de Big Data não é uma tarefa simples. Requer conhecimento técnico, planejamento estratégico e uma visão clara dos objetivos. É aqui que este livro se torna indispensável.

1.1 Para quem este livro foi escrito?

Este livro é para você, profissional que busca se destacar no campo da inteligência artificial, análise de dados e tecnologia da informação. Seja um cientista de dados, engenheiro de software, gerente de TI, analista de negócios ou até mesmo um empreendedor, este conteúdo foi pensado para atender às suas necessidades.

Aqui, você encontrará insights valiosos sobre como integrar, gerenciar e extrair valor de grandes volumes de dados, além de lidar com desafios como fluxos de dados em tempo real, virtualização de servidores e segurança cibernética.

1.2 O que você vai encontrar neste livro?

Ao longo destas páginas, exploraremos tópicos essenciais, como:

- Análise de Integração e Garantia de Qualidade: Como garantir que seus dados sejam confiáveis e estejam prontos para uso.

- Processamento de Fluxos de Dados em Tempo Real: Técnicas para lidar com eventos complexos e tomar decisões ágeis.

- Virtualização e Cloud Computing: Entenda os pilares da virtualização de servidores, aplicativos e redes, além dos modelos SaaS, IaaS e PaaS.

- Estratégias de Implementação: Desde a definição de objetivos até a visualização e comunicação dos resultados, este livro oferece um roteiro claro para transformar dados em insights acionáveis.

- Segurança, Governança e Ética: Em um mundo cada vez mais regulado, é crucial entender as melhores práticas para proteger dados e mitigar riscos sociais.

1.3   Por que este livro é diferente?

A coleção Big Data foi projetada para ser acessível sem perder o rigor técnico. Adotamos uma linguagem clara e didática, inspirada no estilo envolvente de autores como Alex Cross, para garantir que conceitos complexos sejam compreendidos sem dificuldade. Além disso, cada capítulo é repleto de exemplos práticos e orientações que você pode aplicar imediatamente em seu trabalho.

1.4   Um convite à jornada do conhecimento.

Este livro não é apenas uma leitura; é um investimento no seu futuro profissional. Ao final desta obra, você estará preparado para enfrentar os desafios da implementação de Big Data com confiança e competência.

E, ao adquirir a coleção completa, você terá em mãos um arsenal de conhecimento para dominar todas as facetas do Big Data, desde os fundamentos até as aplicações mais avançadas.

Prepare-se para mergulhar em um conteúdo que transformará sua visão sobre dados e tecnologia. A implementação de Big Data não é mais um luxo; é uma necessidade. E este livro é o seu guia para dominá-la.

Prof. Marcão - Marcus Vinícius Pinto

Mestre em Tecnologia da Informação
Especialista em Tecnologia da Informação.
Consultor, Mentor e Palestrante sobre Inteligência Artificial,
Arquitetura de Informação e Governança de Dados.
Fundador, CEO, professor e
orientador pedagógico da MVP Consult.

2   Implementação de Big Data.

A obtenção do maior valor de negócio com Big Data requer não apenas o investimento em tecnologia, mas também a integração efetiva dessa tecnologia nos processos de negócios da empresa. Não podemos simplesmente esperar que os tomadores de decisão projetem cenários futuros sem compreender plenamente os resultados das análises e seu contexto operacional.

Conforme apontado por Stubbs (2014), é essencial que as organizações considerem a integração do Big Data nos processos existentes, a fim de maximizar os benefícios e obter insights valiosos. Aqui estão algumas dicas para uma implementação bem-sucedida de Big Data, levando em consideração a necessidade de integração com os processos de negócios:

1. Avalie os objetivos estratégicos: Antes de iniciar a implementação de Big Data, é importante compreender claramente os objetivos estratégicos da empresa. Identifique as áreas-chave em que o uso de Big Data pode trazer maior impacto e alinhe esses objetivos com os processos de negócios existentes.

2. Integração com as equipes de negócios: Envolver as equipes de negócios desde o início é fundamental. Trabalhe em colaboração com os departamentos envolvidos, como marketing, vendas, financeiro, operações, RH, entre outros, para entender suas necessidades e como o Big Data pode agregar valor aos seus processos.

3. Reestruturação dos processos: Identifique as mudanças necessárias nos processos existentes para incorporar adequadamente o Big Data. Avalie se há necessidade de novos fluxos de trabalho, ajustes nas etapas de tomada de decisão ou revisão das estratégias operacionais. O Big Data deve ser usado

para otimizar processos e melhorar a eficiência.

4. Gerenciamento e governança dos dados: Estabeleça uma estrutura sólida de gerenciamento e governança dos dados. Defina responsabilidades claras para a coleta, armazenamento, segurança e uso dos dados, garantindo a conformidade com as regulamentações aplicáveis, como privacidade e proteção de dados.

5. Capacitação e treinamento: Garanta que a equipe esteja devidamente capacitada para lidar com o Big Data. Promova treinamentos e workshops para que os colaboradores entendam como utilizar as ferramentas de análise e interpretação de dados disponíveis. Isso ajudará a integrar o Big Data de forma eficaz nos processos de negócios, garantindo que todos possam extrair o máximo de insights dos dados coletados.

6. Acompanhamento e monitoramento contínuo: A implementação do Big Data não deve ser tratada como um projeto isolado, mas sim como um processo contínuo. Estabeleça métricas e indicadores de desempenho para mensurar o impacto do Big Data nos processos de negócios. Realize acompanhamentos frequentes para avaliar a eficácia das análises e fazer ajustes conforme necessário.

7. Cultura de dados: Promova uma cultura interna que valorize e utilize ativamente os dados como base para tomada de decisões. Encoraje a colaboração entre as equipes, estimulando o compartilhamento de informações e insights obtidos por meio do Big Data. Isso ajudará a integrar os resultados das análises nos processos de negócios de forma mais abrangente e eficiente.

Um fator muito importante neste contexto é a capacidade de se integrar fontes de dados internas e externas compostas de dados de fontes relacionais e das novas formas de dados não estruturados.

2.1 Análise de integração.

A análise de integração deve passar por várias etapas, mas há essencialmente três etapas a seguir para estruturar o processo de integração: exploração, codificação e de integração e incorporação.

Elas são explicadas a seguir.

1º. Etapa - Exploração.

Nos primeiros estágios da análise, é natural procurar por padrões nos dados. Somente examinando volumes de dados muito grandes, terabytes e petabytes, os relacionamentos e correlações entre os elementos pode se tornar aparente.

Esses padrões podem fornecer informações sobre o cliente e preferências por um novo produto. Será necessário utilizar uma plataforma como Hadoop para organizar o Big Data da sua empresa para procurar esses padrões.

Conforme descrito anteriormente o Hadoop é amplamente usado como um bloco de construção para capturar e processar Big Data. Hadoop é projetado com capacidades que aceleram o processamento de grandes dados e o torna capaz de identificar padrões em grandes quantidades de dados em um relativamente curto período.

2º. Estágio de codificação.

Para dar o salto da identificação de um padrão para a incorporação dessa tendência em seu processo de negócios, é necessário algum tipo de processo a ser seguido.

Por exemplo, se um grande varejista monitora a mídia e identifica lotes de conversa sobre uma partida de futebol ou outro evento com grande participação do público perto de uma das suas lojas, ela terá condições de planejar o que fazer para promover a empresa no evento.

Com centenas de lojas e muitos milhares de clientes, é necessário estabelecer um protocolo de reação a este tipo de informação com processos que garantem ações efetivas de marketing.

Com um processo estabelecido, no caso do exemplo do evento esportivo, o varejista pode rapidamente tomar medidas e estocar a loja próxima com roupas e acessórios com o logotipo das equipes participantes do evento.

Depois de encontrar algo interessante na análise de Big Data, é necessário estruturá-lo e torná-lo uma parte do processo de negócio da empresa.

É necessário fazer a conexão entre a análise de suas grandes de bases de dados estruturados e não estruturados e seus estoques de produtos e sistemas. Para isto é necessário integrar os dados.

3º. Etapa de integração e incorporação.

O Big Data está tendo um grande impacto em muitos aspectos do gerenciamento de dados. Tradicionalmente, os dados de integração têm focado no movimento de dados através de middleware, incluindo especificações sobre mensagem e requisitos para as APIs.

Esses conceitos de integração de dados são mais apropriados para gerenciar dados em repouso do que dados em movimento. A mudança para o novo mundo de dados não estruturados e dados de streaming muda a noção convencional de integração de dados.

Se é desejável a incorporação de streaming de dados à sua análise para agregar mais um nível de amostras no processo de negócio da sua empresa, será necessário incorporar tecnologia avançada para que seja tudo seja rápido o suficiente para permitir a tomada de decisão no tempo necessário.

Após a análise de Big Data estar completa, é necessário adotar uma abordagem que permita integrar ou incorporar os resultados da análise em seu processo negócio em tempo real de negociações.

As empresas têm grandes expectativas de obter valor comercial real com a análise de Big Data. Na verdade, muitas empresas gostariam de começar uma profunda análise dos grandes volumes de dados gerados internamente, tais como log de segurança de dados, que não era possível previamente devido às limitações tecnológicas.

Tecnologias para transporte de grandes bases de dados em alta velocidade são requisitos para integrar grandes fontes de dados distribuídos.

Fontes de dados não estruturadas geralmente precisam ser movidas rapidamente por grandes distâncias geográficas para o compartilhamento e colaboração necessários em projetos de pesquisa científica, para o desenvolvimento e entrega de conteúdo para a indústria do entretenimento.

Por exemplo, pesquisadores científicos normalmente trabalham com conjuntos de dados muito grandes e, atualmente, compartilham dados e colaboram com mais facilidade do que no passado, usando uma combinação de análise de Big Data e nuvem.

Para tomar boas decisões no negócio da sua empresa com base em análise de Big Data, três princípios básicos se aplicam:

Princípio 1 – É necessário ter um entendimento comum das definições de dados.

- No estágio inicial de uso do Big Data é comum se buscar ter um controle similar ao que se tinha sobre dados operacionais.

- Identificados os padrões mais relevantes para o negócio da empresa é necessário mapear os elementos dados para uma definição comum.

- A definição é então aplicada aos dados operacionais, ao DW e demais bases de dados de negócio.

Princípio 2 – É necessário desenvolver um conjunto de serviços para qualificar os dados e torná-los consistentes e confiáveis.

- Quando dados não estruturados e fontes de Big Data são integrados com dados operacionais estruturados é necessário se ter certeza de que os resultados serão significativos.

Princípio 3 – É necessário se ter uma maneira simplificada de integrar suas fontes de Big Data e sistemas de dados operacionais.

- As tecnologias de extração, transformação e carregamento, ETL[1], têm sido usadas para realizar isso em ambientes de Data Warehouse.

- A função do ETL está evoluindo para lidar com ambientes de gerenciamento de dados mais recentes, como o Hadoop.

---

[1] Extract, transform and Load – ETL. Extração, transformação e carregamento.

Em um ambiente de Big Data, pode ser necessário combinar ferramentas que trabalham em lote para processos de integração, usando ETL, com integração em tempo real e federação de dados através de múltiplas fontes.

Os Data Warehouses fornecem aos usuários de negócios uma maneira de consolidar informações em fontes distintas, como planejamento de recursos empresariais[2] e gerenciamento de relacionamento com o cliente[3] para analisar e relatar dados relevantes para seu foco específico de negócios.

As ferramentas ETL, são usadas para transformar os dados para o formato exigido pelo Data Warehouse. A transformação é feita em uma área intermediária antes dos dados serem realmente carregados no Data Warehouse. Tradicionalmente, ETL tem sido usado com processamento em lote em ambientes de Data Warehouse.

Muitos fornecedores de software, incluindo IBM, Informatica, Pervasive, Talend e Pentaho, fornecem ferramentas de software ETL.

ETL fornece a infraestrutura para integração, realizando três funções importantes:

- Extração. Ler dados da fonte de banco de dados.

- Transformação. Converter os dados extraídos de modo que estejam em conformidade com os requisitos do banco de dados

---

[2] Enterprise Resource Planning - ERP. O Planejamento de Recursos Empresariais refere-se a um conjunto de softwares que as empresas utilizam para gerenciar atividades de negócios diárias, tais como contabilidade, compras, gerenciamento de projeto, gerenciamento de risco e conformidade, e operações da cadeia de suprimentos.

[3] Customer Relationship Management – CRM. O sistema de Gerenciamento de Relacionamento com o Cliente é utilizado para registrar e organizar todos os pontos de contato que um consumidor tem com o vendedor de uma empresa.

destino. A transformação é feita usando regras ou mesclando dados com outros dados.

- Carga. Gravar dados no banco de dados de destino.

O ETL está evoluindo para suportar a integração além do universo dos Data Warehouses oferecendo suporte à integração entre sistemas transacionais, Data Warehouse, plataformas de BI, hubs de MDM[4], nuvem e plataformas Hadoop.

Os fornecedores de software ETL estão estendendo suas soluções para fornecer extração, transformação e carregamento de Big Data entre o Hadoop e as plataformas tradicionais de gerenciamento de dados.

ETL e ferramentas de software para outros processos de integração de dados, como limpeza de dados, criação de perfil e auditoria, trabalham em diferentes aspectos dos dados para garantir que eles sejam considerados confiáveis.

A transformação de dados é um processo essencial na área de gerenciamento de dados. Trata-se de modificar o formato, a estrutura ou a representação dos dados para torná-los compatíveis e utilizáveis por diferentes aplicações, sistemas ou processos.

Durante a transformação de dados, podem ocorrer várias operações, como conversão de tipos de dados, formatação de datas, filtragem e seleção de colunas específicas, agregação de valores, entre outras. O objetivo principal é garantir que os dados sejam adaptados de acordo

---

[4] Mobile Device Management - MDM. O Gerenciador de Dispositivos Móveis é um software que permite gerenciar dispositivos móveis, como smartphones, tablets e laptops. Na teoria, seu objetivo é proteger, monitorar, gerenciar e suportar dispositivos móveis, otimizando sua funcionalidade, a segurança da rede de comunicação e minimizando o custo e a inatividade.

com as necessidades e requisitos das aplicações ou sistemas que irão utilizá-los.

Além disso, a transformação de dados também envolve a limpeza e o enriquecimento dos mesmos. Isso inclui a detecção e correção de erros, a remoção de duplicações, a padronização e normalização dos dados, bem como a incorporação de informações adicionais, provenientes de fontes externas, para ampliar o contexto e a qualidade dos dados.

A transformação de dados desempenha um papel crucial em diversas áreas, como gestão de banco de dados, análise de dados, migração de sistemas, integração de dados, business intelligence e muitas outras. É um processo fundamental para garantir a interoperabilidade e a relevância dos dados, visando a utilização eficiente e eficaz em diferentes aplicações e contextos.As ferramentas de transformação de dados não são projetadas para funcionar bem com dados não estruturados. Como um resultado, as empresas necessitam incorporar uma significativa quantidade de codificação manual em sua tomada de decisão de processos de negócios.

Considerando o crescimento e a importância dos dados não estruturados para a tomada de decisões, as soluções de ETL dos principais fornecedores estão começando a oferecer abordagens padronizadas para transformar dados não estruturados para que possam ser mais facilmente integrados aos dados operacionais estruturados.

Algumas fontes de Big Data, como dados de tags RFID[5] ou sensores, têm regras mais bem estabelecidas do que os dados de mídia social. Os

---

[5] Radio Frequency IDentification - RFID. A Identificação por Radiofrequência é um método de identificação automática através de sinais de rádio, recuperando e armazenando dados remotamente através de dispositivos denominados etiquetas RFID. Uma etiqueta ou tag RFID é um transponder, pequeno objeto que pode ser

dados do sensor devem estar razoavelmente limpos, embora seja esperado que se encontre alguns erros.

2.2   Garantia de qualidade.

A garantia de qualidade dos dados pressupões adotar um processo com duas etapas:

1. Busque padrões em Big Data sem ter a preocupação com a qualidade.

2. Depois de localizar seus padrões e estabelecer resultados que são importantes para os negócios, aplique os mesmos padrões de qualidade de dados que se aplica às fontes de dados tradicionais.

É desejável evitar a coleta e o gerenciamento de dados que não são importantes para os negócios e que podem corromper outros elementos de dados no Hadoop ou em outras plataformas de Big Data.

À medida que se começa a incorporar os resultados de sua análise de Big Data em seu processo de negócios, reconheça que dados de alta qualidade são essenciais para uma empresa tomar decisões de negócios sólidas.

Isso é verdadeiro tanto para Big Data quanto para dados tradicionais. A qualidade dos dados refere-se a características, tais como consistência, precisão, confiabilidade, integridade, pontualidade, razoabilidade e validade.

---

colocado em uma pessoa, animal, equipamento, embalagem ou produto, dentre outros.

Os softwares de qualidade de dados garantem que os elementos de dados sejam representados da mesma forma em diferentes armazenamentos de dados ou sistemas para aumentar a consistência dos dados.

Por exemplo, um armazenamento de dados pode usar duas linhas para o endereço de um cliente e outro armazenamento de dados pode usar uma linha. Esta diferença pode resultar em informações imprecisas sobre os clientes, tais como um cliente sendo identificados como dois clientes diferentes.

Uma corporação pode usar dezenas de variações de nome da empresa quando ele compra produtos. O software de qualidade de dados pode ser usado para identificar todas as variações do nome da companhia em suas diferentes bases de dados e garantir que todas as informações sobre os clientes de sua empresa estejam consolidadas.

Esse processo é chamado de fornecer uma visão única do cliente ou produto. O software de qualidade de dados compara os dados em diferentes sistemas e faz a limpeza removendo redundâncias.

2.3   Lidando com fluxos de dados em tempo real e processamento de eventos complexos.

Iniciamos este capítulo por duas questões:

- O que é a análise de integração de dados?

- Como isso interfere na transmissão de grandes massas de dados?

Estas não são perguntas simples de responder porque existe um continuum de gerenciamento de dados. A computação em fluxo é projetada para lidar com um fluxo contínuo de uma grande quantidade de dados não estruturados.

Em contraste, o processamento de eventos complexos, CEP [6], normalmente lida com algumas variáveis que precisam ser correlacionadas a um processo de negócios específico. Em muitas situações, CEP é dependente de *streams*[7] de dados. No entanto, o CEP não é necessário para o streaming de dados.

Assim como o fluxo de dados, o CEP depende da análise de fluxos de dados em movimento. Na verdade, se os dados estiverem em repouso, eles não se enquadrarão na categoria de dados de streaming ou CEP.

O streaming de dados é uma plataforma de computação analítica que se destaca pela sua capacidade de processar e analisar um fluxo contínuo de dados em tempo real. A sua principal característica é lidar com dados em alta velocidade, normalmente não estruturados, provenientes de fontes diversas.

Ao contrário das abordagens tradicionais de processamento de dados, onde os dados são armazenados primeiro para posterior processamento, o streaming de dados permite analisar os dados à medida que eles chegam, em tempo real. Essa abordagem tem se tornado essencial em diversas aplicações que requerem tomada de decisões rápidas e detecção de padrões e insights em tempo real.

---

[6] Complex Event Processing - CEP. O Processamento de Eventos Complexos do problema de corresponder eventos de entrada continuamente a um padrão. Os resultados de uma correspondência geralmente são eventos complexos derivados dos eventos de entrada. Em contraste com os SGBDs tradicionais, onde uma consulta é executada em dados armazenados, o CEP executa os dados em uma consulta armazenada.

[7] Dados em streaming são dados gerados continuamente por milhares de fontes de dados, que geralmente enviam os registros de dados simultaneamente, em tamanhos pequenos, na ordem dos kilobytes.

Os aplicativos de streaming de dados são utilizados em uma variedade de setores e cenários, como detecção de fraudes em transações financeiras, monitoramento de redes e sistemas, análise de dados de sensores em ambientes IoT (Internet of Things), personalização em tempo real em plataformas de e-commerce, análise de dados de mídias sociais, entre outros.

A velocidade é um dos principais aspectos do streaming de dados, uma vez que esses aplicativos precisam lidar com o processamento ágil e contínuo de dados em tempo real. Isso envolve a implementação de tecnologias e técnicas que permitem o processamento rápido e eficiente desses dados, como sistemas de mensageria, processamento distribuído e algoritmos de streaming.

Cabe ressaltar que o streaming de dados também pode envolver ações como filtragem, transformação e enriquecimento dos dados para torná-los mais relevantes e úteis para as análises ou ações em tempo real.

Essa plataforma analítica tem se mostrado essencial para a geração de insights imediatos e tomadas de decisão ágeis em diversos contextos empresariais. Portanto, os dados são continuamente analisados e transformados em memória antes de serem armazenados em um disco.

O processamento de fluxos de dados funciona por meio do processamento de dados em "janelas de tempo" na memória em um *cluster* de servidores.

Isso é semelhante à abordagem de gerenciamento de dados em repouso aproveitando o Hadoop. A principal diferença é a velocidade. No *cluster* do Hadoop, os dados são coletados no modo *batch* e, em seguida, processados.

A velocidade importa menos em Hadoop do que no *stream* de dados contínuo.

Alguns princípios-chave definem a situação em que usar *streams* é o mais apropriado:

1. Quando ele é necessário para determinar uma oportunidade de venda no varejo no momento da escolha, quer através mídias sociais ou através de permissão baseada em mensagens.

2. Coletando informações sobre a movimentação em um site seguro.

3. Para ser capaz de reagir a um evento que precisa de uma resposta imediata, tais como um serviço de interrupção ou uma mudança na condição médica de um paciente.

4. Cálculo, em tempo real, de custos que são dependentes de variáveis.

Segundo Gualtieri (2013), o streaming de dados é útil quando analytics precisa ser feito em tempo real, enquanto os dados estão em movimento. Na verdade, o valor da análise diminui com o tempo. Por exemplo, se sua empresa não puder analisar e agir imediatamente, uma oportunidade de venda pode ser perdida ou uma ameaça pode não ser detectada.

Um fator importante em relação ao streaming de dados é o fato de que ele é uma análise *single-pass*[8], ou seja, o analista não pode reanalisar os dados depois que eles são transmitidos. Isso é comum em aplicativos em que se está procurando a ausência de dados.

A maioria dos profissionais de gerenciamento de dados está familiarizada com a necessidade de gerenciar metadados em ambientes de gerenciamento de banco de dados estruturado.

---

[8] Single-Pass é um compilador que passa o código-fonte através de cada unidade de compilação apenas uma vez.

Essas fontes de dados são projetadas para operar com metadados e são fortemente tipificadas, um exemplo é quando temos, em um atributo, uma cadeia de caracteres na qual os dez primeiros caracteres correspondem ao primeiro nome de um cliente.

É possível supor que os metadados são inexistentes em dados não estruturados, mas isto não é verdade. Normalmente se encontra metadados em qualquer tipo de dado.

A partir desses metadados implícitos em dados não estruturados, é possível analisar as informações usando XML[9]. O XML é uma técnica para apresentar arquivos de texto não estruturados com tags significativas. Esta tecnologia não é nova e foi uma tecnologia fundacional para a implementação da orientação por serviço.

Exemplos de produtos para streaming de dados incluem IBM InfoSphere Streams, Twitter's Storm e Yahoo S4.

Então, qual é a diferença entre CEP e soluções de streaming de dados? Embora a computação em fluxo seja normalmente aplicada para analisar grandes quantidades de dados em tempo real, o CEP é muito mais focado na resolução de um caso de uso específico com base em eventos e ações.

Tanto o streaming de dados quanto o CEP têm um enorme impacto sobre como as empresas podem fazer uso estratégico de Big Data.

Com dados de streaming, as empresas podem processar e analisar esses dados em tempo real para obter uma visão imediata.

---

[9] eXtensible Markup Language – XML. É uma linguagem de marcação recomendada pela W3C para a criação de documentos com dados organizados hierarquicamente, tais como textos, banco de dados ou desenhos vetoriais.

Com o CEP, as empresas podem transmitir dados e alavancar um motor de processos de negócios para aplicar regras de negócios nos resultados da análise dos streamings de dados.

3   Virtualização de Servidor.

Considera-se a virtualização de servidor como um processo em que um servidor físico é particionado em vários servidores virtuais. O hardware e os recursos de uma máquina, incluindo a memória de acesso aleatório[10], CPU[11], disco rígido e controlador de rede, podem ser organizados logicamente em uma série de máquinas virtuais em que cada uma executa seus próprios aplicativos e o sistema operacional.

Uma máquina virtual[12] é uma representação de software de uma máquina física que pode executar ou realizar as mesmas funções da máquina física. Uma fina camada de software é realmente inserida no hardware que contém um monitor de máquina virtual ou hipervisor. O hipervisor pode ser considerado a tecnologia que gerencia o tráfego entre as VMs e a máquina física.

A virtualização de servidor utiliza o hipervisor para fornecer eficiência no uso de recursos físicos. Originalmente lançados no início da década de 1970 o hipervisor tem como responsabilidade a redução dos custos pela consolidação de uma rede de vários computadores de diferentes setores da empresa em uma única grande máquina, o mainframe, capaz de servir a múltiplos setores.

---

[10] Random Access Memory – RAM. Memória que permite o acesso aos arquivos armazenados temporariamente no computador.

[11] Central Processing Unity – Unidade Central de Processamento. Principal item de hardware do computador, responsável por calcular e realizar tarefas determinadas pelo usuário e é considerado o cérebro do PC.

[12] Virtual Machine – VM. Consiste em um software de ambiente computacional que executa programas como um computador real.

Também chamado de VMM[13], ele isola o sistema operacional do hipervisor e os recursos das máquinas virtuais e permite a criação e o gerenciamento dessas máquinas.

Quando usado como hipervisor, o hardware físico é chamado de host, enquanto as diversas máquinas virtuais que utilizam seus recursos são chamadas de *Guests*.

O hipervisor trata os recursos, como CPU, memória e armazenamento, como um pool que pode ser realocado com facilidade entre os *guests* existentes ou para novas máquinas virtuais.

Para executar VMs, todos os hipervisores precisam de alguns componentes no nível do sistema operacional, como gerenciador de memória, agendador de processos, stack de entrada/saída (E/S), drivers de dispositivo, gerenciador de segurança, um stack de rede e muito mais.

O hipervisor fornece a cada máquina virtual os recursos que foram alocados e gerencia a programação de recursos da VM em comparação com os físicos. O hardware físico faz a execução, ou seja, a CPU ainda assim executa as instruções conforme solicitado pelas VMs, por exemplo, enquanto o hipervisor gerencia a programação.

Vários sistemas operacionais diferentes podem operar lado a lado e compartilhar os mesmos recursos de hardware virtualizados com um hipervisor. Esse é um dos principais benefícios da virtualização. Sem ela, só é possível executar um sistema operacional no hardware.

---

[13] Virtual Machine Monitor - VMM. O hypervisor, ou Monitor de Máquina Virtual, é uma camada de software entre o hardware e o sistema operacional. O VMM é responsável por fornecer ao sistema operacional visitante a abstração da máquina virtual. É o hypervisor que controla o acesso dos sistemas operacionais visitantes aos dispositivos de hardware.

Há várias opções de hipervisores, de fornecedores tradicionais e open source. A VMware é uma opção popular para a virtualização. Ela oferece o hipervisor ESXi e a plataforma de virtualização vSphere. Já a máquina virtual baseada em kernel (KVM) é open source e faz parte do kernel do Linux®. Outras opções incluem o Xen, que é open source, e o Microsoft Hyper-V.

As tarefas de instalação, configuração e administração estão associadas à configuração dessas máquinas virtuais. Isso inclui gerenciamento de licenças, gerenciamento de rede e administração de carga de trabalho, bem como planejamento de capacidade.

A virtualização de servidor ajuda a garantir que a plataforma possa ser dimensionada conforme necessário para lidar com grandes volumes e diversos tipos de dados incluídos em sua análise de Big Data. Pode não ser possível identificar a extensão do volume ou da variedade de dados estruturados e não estruturados necessários antes de iniciar sua análise. Isto torna a necessidade de virtualização de servidor ainda maior, pois irá fornecer ao seu ambiente a capacidade de atender à demanda imprevista de processamento de conjuntos de dados muito grandes.

Somado a isto tudo temos que a virtualização de servidor fornece a base que viabiliza muitos dos serviços em nuvem, utilizados como fontes de dados em uma análise de Big Data, devido ao aumento da eficiência da nuvem.

A virtualização, enfim, torna possível operar muitos sistemas complexos gerando o desempenho e a otimização para poder acessar dados que antes não estavam disponíveis ou eram muito difíceis de coletar.

3.1   Virtualização de aplicativos.

Ao se considerar a demanda dos analistas do negócio da empresa usuária do Big Data tem-se que a virtualização da infraestrutura de aplicativos fornece uma maneira eficiente de gerenciar aplicativos.

Nesta abordagem os aplicativos são encapsulados de maneira a reduzir e até mesmo remover suas dependências do sistema de computador físico subjacente facilitando o gerenciamento geral e aumentando a portabilidade dos aplicativos.

O software de virtualização da infraestrutura de aplicativos geralmente permite a codificação de políticas de uso técnico e comercial para garantir que cada um de seus aplicativos aproveite os recursos virtuais e físicos de maneira previsível.

A eficiência, consequência natural desta abordagem, é obtida pela distribuição dos recursos de TI de acordo com o valor comercial relativo dos aplicativos. Assim, os aplicativos mais críticos podem receber prioridade máxima para tirar proveito de pools de computação disponíveis e da capacidade de armazenamento de acordo com as necessidades.

A virtualização da infraestrutura de aplicativos quando associada à virtualização de servidores colabora para a garantia de que os SLAs negócios sejam cumpridos. Esta classe de virtualização associada à virtualização de servidor permite ampliar o gerenciamento de prioridade garantindo que a maioria dos aplicativos de alta prioridade tenham acesso de alta prioridade aos recursos.

As plataformas de Big Data projetadas para suportar aplicativos altamente distribuídos e com uso intenso de dados funcionarão melhor e mais rapidamente em um ambiente virtual. Isso não implica que sua empresa irá virtualizar todos os aplicativos relacionados a Big Data. Um exemplo é o caso dos aplicativos de análise de texto. Para estes aplicativos não haveria benefício algum na virtualização podendo funcionar melhor em um ambiente independente.

3.2 Virtualização de processador e memória.

A virtualização do processador e da memória pode ajudar a acelerar o processamento e obter os resultados da análise mais rapidamente.

A virtualização de dados pode ser usada para criar uma plataforma para serviços de dados vinculados dinamicamente permitindo que os dados sejam facilmente pesquisados e vinculados por meio de uma fonte de referência unificada.

A virtualização de armazenamento combina recursos de armazenamento físico para que sejam compartilhados de forma mais eficaz tornando mais fácil o gerenciamento de armazenamentos de dados necessários para a análise de Big Data e reduzindo o custo desse armazenamento.

Com esta abordagem é possível:

- Tornar mais fácil e menos oneroso armazenar, recuperar e analisar grandes volumes de tipos de dados variados.

- Fornecer um serviço abstrato que entrega dados de uma forma consistente, independentemente do banco de dados físico subjacente.

- Expor os dados armazenados em cache para todos os aplicativos para melhorar o desempenho.

- Facilitar o armazenamento de tipos de dados grandes e não estruturados

Em um ambiente de Big Data com diferentes fontes de dados estruturados e não estruturados é vantajoso ter acesso a uma variedade de armazenamentos de dados operacionais sob demanda.

Por exemplo, talvez suas aplicações só necessitem acessar raramente um banco de dados colunar. Com a virtualização, o banco de dados pode ser armazenado como uma imagem virtual e acessado apenas quando necessário, sem consumir recursos valiosos do data center.

3.3   Virtualização de rede.

A virtualização de redes definidas por software fornece uma maneira eficiente de usar a rede como um pool de recursos de conexão. As redes são virtualizadas de maneira semelhante a outras tecnologias físicas.

Em lugar de depender da rede física para gerenciar o tráfego entre as conexões, é possível criar várias redes virtuais, todas utilizando a mesma implementação física.

Esta estrutura pode ser útil se suas aplicações necessitarem da definição de uma rede para coleta de dados, com um determinado conjunto de características de desempenho e capacidade, e de outra rede para aplicativos com desempenho e capacidade diferentes.

As limitações na camada de rede podem gerar gargalos que produzem latências inaceitáveis em ambientes de Big Data. A virtualização da rede tem o potencial de reduzir esses gargalos e melhorar a capacidade de gerenciar os grandes dados distribuídos necessários para a análise de Big Data.

3.4   Abstração e virtualização.

Para se executar a virtualização dos recursos e serviços de TI, eles precisam ser separados do ambiente de entrega físico subjacente. O termo técnico para esta separação é abstração.

A abstração é um conceito-chave em Big Data. MapReduce e Hadoop são ambientes de computação distribuída onde tudo é abstraído. O detalhe é abstraído para que o desenvolvedor ou analista não precise se preocupar com a estrutura onde os elementos de dados estão realmente localizados.

A abstração minimiza a complexidade do objeto abstraído, ocultando os detalhes e fornecendo apenas as informações relevantes.

Na nuvem, por exemplo, em um modelo de entrega de Infraestrutura como Serviço[14], os detalhes da infraestrutura física e virtual são abstraídos do usuário.

3.5   Cloud Computing.

O termo *Cloud Computing* foi usado inicialmente por volta dos anos 60 como uma espécie de computação organizada, de utilidade pública com origem numa representação gráfica que tem em conta os recursos baseados na Internet e nos diagramas de sistemas (Francis, 2009).

Atualmente o conceito é utilizado quando nos referimos a um novo paradigma ou tecnologia flexível que oferece recursos e serviços de TI, com base na Internet (Böhm, et al., 2011).

Cloud Computing também pode ser considerado como um conjunto de conceitos associados a várias áreas de conhecimento como Service-Oriented Architecture (SOA), computação distribuída, computação em Grid (modelo computacional que divide as tarefas a executar por diversas máquinas) e virtualização (Youseff, et al., 2008).

Apesar de todas as vantagens desta novidade vale observar que para o processamento em nuvem ser operacional a nuvem deve ser

---

[14] *Infrastrutcture as a Service* - IaaS. A Infraestrutura como um Serviço fornece a infraestrutura básica de TI para a criação de uma nuvem, seja ela privada ou pública. O IaaS disponibiliza a infraestrutura de rede e servidores (virtuais ou em hardware dedicado) para quem deseja montar sua própria nuvem de serviços.

implementada com processos padronizados comuns e grande automação.

As empresas estão se valendo do formato de serviços de nuvem para tudo que necessitam, desde backup a serviços de gerenciamento de relacionamento com o cliente (CRM). Com o crescimento da computação móvel, mais consumidores, profissionais e corporações estão criando e acessando dados com serviços baseados em nuvem.

Muito além da visão tecnológica que está associada ao conceito de *Cloud Computing*, o conceito pode também ser entendido como uma inovação principalmente na prestação de serviços de TI (Böhm et al., 2011).

Muitos acreditam que este é um potencial a ser explorado, principalmente no modo de desenvolvimento e implementação de recursos de computação e aplicações, procurando novos modelos de negócio principalmente para as empresas fornecedoras de Software (Youseff et al., 2008) (Stuckenberg et al., 2011).

O NIST[15] define o *Cloud Computing* como um conjunto compartilhado de recursos configuráveis de computação, tais como redes, servidores, armazenamento, aplicações e serviços que podem ser rapidamente oferecidos com um serviço (Olivier et al., 2012).

Segundo o NIST existem muitos benefícios na adoção de *Cloud Computing,* mas os mais importantes são os seguintes (Olivier et al., 2012):

- Permite economias de escala no lado do fornecedor de serviços procurando promover uma maior produtividade do fornecedor de serviços de infraestrutura com uma flexibilidade contínua do

---

[15] National Institute Standards and Technology.

lado do utilizador em relação às economias de escala diminuindo deste modo o investimento e custos de funcionamento, pois o retorno sobre o investimento cresce, levando ao aumento do ritmo e do nível de inovação geral.

- Permite às empresas encontrar as competências essenciais sustentáveis através de uma contínua modernização e reinvestimento nos serviços de TI, por parte do prestador de serviços. Sugere uma lógica de evolução complexa e contínua, com uma melhoria da informação procurando esconder a transparência da Lei de Moore[16] que está no centro do desenvolvimento de TI.

- Permite a possibilidade de um sistema de controle de políticas abstratas, sendo necessário ter em conta um controle dos parâmetros de segurança, do core business (parte mais importante ou cérebro do negócio) implementando uma política que evite a perda da informação relevante para o negócio.

Cloud Computing é um paradigma com muito sucesso no que diz respeito à orientação de serviços de computação. Este paradigma permitiu uma revolução na utilização da computação e das infraestruturas a ela associadas, mas quando falamos de Cloud Computing existem três conceitos de negócio que lhe estão associados:

---

[16] A lei de Moore surgiu em 1965 através de um conceito estabelecido por Gordon Earl Moore. Tal lei dizia que o poder de processamento dos computadores (entenda computadores como a informática geral, não os computadores domésticos) dobraria a cada 18 meses.

Infrastructure as a Service (IaaS), Platform as a Service (PaaS), e Software as a Service (SaaS) (Vaquero, et al., 2009).

O modelo Cloud Computing (figura anterior) tem sido utilizado por grandes empresas para efetuar a gestão da sua infraestrutura, pois a terceirização elimina a necessidade de efetuar atualizações constantes do sistema, de ajustar as cargas de trabalho e de gerenciar os recursos necessários às suas aplicações. Todo este trabalho é executado pelo provedor da infraestrutura. (Qi et al., 2010) (Putri et at., 2011).

Tendo em conta os benefícios anteriormente descritos em relação à adoção do *Cloud Computing*, importa ter em conta algumas características que lhe estão associadas, ver figura a seguir.

Característica	Descrição
Serviços a pedido	Usado como um serviço sempre disponível e sem necessidade de intervenção manual.
Amplo acesso à rede	O serviço é disponibilizado através de uma rede, independente do dispositivo e do utilizador final. A conexão de rede deve ser de alta performance e sempre disponível.
Partilha de recursos	O fornecedor do serviço deve assegurar os recursos necessários, para que os consumidores de serviços possam utilizar a tecnologia de virtualização e multi-tenancy.
Elasticidade rápida	Os recursos necessários devem ser disponibilizados rapidamente e liberados sem necessidade de intervenção manual quando deixarem de ser necessários.
Serviço medido	Um serviço consumido deve ser mensurável em termos de recursos usados. Desta forma, o

faturamento é baseado no consumo ou, como é modernamente nomeado, "pay per use[17]".

Definição de Cloud Computing Segundo o Modelo NIST.

A computação em nuvem é uma novidade da atualidade e transformou o modo como as empresas se relacionam com os recursos computacionais para processamento de grandes quantidades de dados, pois elas podem acessar os recursos de computação e armazenamento necessários com pouco ou nenhum suporte de TI ou a necessidade de adquirir mais hardware ou software.

Várias características da nuvem a tornam uma parte importante do ecossistema de Big Data:

1. Escalabilidade.

- Em relação ao hardware refere-se à capacidade de ir de pequenas a grandes quantidades de poder de processamento com a mesma arquitetura.

- Com relação ao software, refere-se à consistência do desempenho por unidade de energia à medida que os recursos de hardware aumentam.

- A nuvem pode ser dimensionada para grandes volumes de dados.

- A computação distribuída, parte integrante do modelo de nuvem, realmente funciona em um plano de "dividir para conquistar" (Raj et al., 2012).

---

[17] Pague pelo uso. É o sistema que ganhou enorme espaço no âmbito pessoal e agora está presente também no setor industrial, gerando produtividade e redução de custos. Há quem diga que, dentro de pouco tempo, a prática da compra será cada vez mais rara.

- Está vinculada ao conceito de elasticidade.

2. Elasticidade.

   - É a capacidade de expandir ou reduzir a demanda de recursos de computação em tempo real, com base na necessidade. Um dos benefícios da nuvem é que os clientes têm o potencial de acessar tanto de um serviço quanto eles precisam, quando precisam (Wasniowski, 2014).

   - Isso pode ser útil para projetos de Big Data em que pode ser necessário expandir a quantidade de recursos de computação necessários para lidar com o volume e a velocidade dos dados.

   - O provedor de serviços precisa projetar uma arquitetura de plataforma otimizada para esse tipo de serviço.

3. Pool de recursos.

   As arquiteturas de nuvem permitem a criação eficiente de grupos de recursos compartilhados que tornam a nuvem economicamente viável.

4. Autoatendimento.

   - O usuário de um recurso de nuvem pode usar um navegador ou uma interface de portal para alocar os recursos necessários para sua aplicação. Isso é drasticamente diferente do uso dos recursos de um data center, onde seria necessário submeter uma solicitação dos recursos de operações de TI aos responsáveis pelo setor (Russom, 2011).

5. Custos iniciais baixos.

   Os custos iniciais podem ser reduzidos porque não há compra de grandes quantidades de hardware ou aluguel de novos espaços para implementar o Big Data da sua empresa

6. Pay as you go.

   Significa que sua empresa só é cobrada pelos recursos usados com base no preço da instância. Útil quando não se tem certeza de quais recursos serão necessários para seu projeto de Big Data. É uma vantagem desde que o orçamento não seja subestimado.

7. Tolerância a falhas.

   ▪ Os provedores de serviços em nuvem devem ter tolerância a falhas embutida em sua arquitetura, fornecendo serviços ininterruptos, apesar da falha de um ou mais componentes do sistema.

   ▪ É comum para um provedor de serviços adicionar capacidades de um provedor de serviços terceirizado para suportar falhas previsíveis. Nestes casos o cliente não fica sabendo que está lidando com um provedor de serviços em nuvem adicional.

Francis, em sua discussão sobre as implicações da computação em nuvem apresentou uma nova forma de análise e ampliou a oferta de serviços e de negócios (Francis, 2009).

Contudo *Cloud Computing* não tem apenas aspectos positivos. Existem alguns desafios a superar, de forma a poder alcançar o sucesso esperado (Halper, 2014):

• Implementação de um modelo cloud de dados que seja

confiável e que permita às empresas confiarem os seus dados a terceiros de uma forma totalmente compatível com os respetivos enquadramentos regulamentares.

- Implementação de uma cloud que permita aos utilizadores a combinação e obtenção de serviços cloud a partir de vários fornecedores com possibilidade de uma fácil mudança entre fornecedores de serviços de cloud.

- Implementação de normas e diretrizes regulamentares, com vários critérios em relação aos serviços em cloud, tendo em conta aspetos como a segurança, proteção de dados, qualidade dos serviços e responsabilidade para os utilizadores específicos dos serviços.

A expectativa que a empresa tem com o *Cloud Computing* numa empresa depende das suas características e também de algumas circunstâncias particulares como:

- Custo de Contenção: Com o *Cloud Computing* e a possibilidade de escalabilidade as empresas já não necessitam investir dinheiro na construção e manutenção da sua própria infraestrutura, uma vez que os serviços e os recursos necessários estão disponíveis no modo de pay per use. Assim as empresas não precisam gastar dinheiro em recursos internos, que na maioria das empresas não seriam aproveitados. A economia que a empresa obtém pode ser investida na ajuda à inovação do negócio. Antes de se optar por uma solução de TI em nuvem deve-se ter em conta o custo de TI que a empresa possui e os potenciais custos que uma solução em nuvem pode trazer para a empresa.

- Velocidade de Inovação: Em comparação com a implementação

de uma infraestrutura interna que pode ter um tempo de implementação de semanas ou meses para a empresa, a opção por serviços em cloud pode ser efetuada em apenas algumas horas. Esta resposta rápida que a empresa obtém permite uma rápida adequação às exigências do mercado com um custo acessível.

- Disponibilidade: A grande maioria das empresas que oferecem serviços em cloud, oferecem também maior capacidade de escala, interligação redundante e balanceamento de carga.

- Escalabilidade: A flexibilidade e a escalabilidade de serviços em cloud permitem que a adequação das equipes de TI da empresa usuária dos serviços sejam melhor planejadas.

- Eficiência: As empresas podem investir no seu core business, de uma forma inovadora, através de pesquisas e desenvolvimentos, mas a cloud permite uma maior sustentabilidade no crescimento e na competitividade de uma empresa.

- Segurança contra falhas: As empresas que oferecem serviços em cloud têm que possuir sistemas que podem ser utilizados por exemplo para a recuperação em caso de catástrofes, tudo isto é conseguido através do balanceamento de cargas e implementação da separação geográfica das salas de servidores, sendo esta uma forma de proteção da solução em nuvem contra desastres naturais.

A opção das empresas pela utilização de soluções em cloud permite uma maior concentração das mesmas nos seus negócios e na inovação, ficando as preocupações com a infraestrutura delegadas para o fornecedor de serviços em cloud, que deve ser capaz de efetuar operações de melhoria rápida com custos eficientes, através de um processo de melhoria contínua.

A cloud também possui alguns modelos que permitem a sua implementação como soluções comerciais.

Atualmente os modelos existentes no mercado são:

- Private Cloud: Neste tipo de solução o utilizador é uma empresa específica ou uma unidade organizacional, podendo ser interna à empresa ou contratada a uma empresa que forneça serviços em cloud. As vantagens da cloud não podem ser plenamente exploradas através deste modelo devido ao grau de personalização ser bastante limitado.

- *Community Cloud*: O serviço é utilizado por vários membros de um grupo e estes serviços podem ser oferecidos por vários fornecedores que, por sua vez, podem ser internos ou externos à comunidade.

- *Public Cloud:* Serviços disponíveis para o público em geral, oferecido por um único fornecedor. Neste modelo a estabilidade e os recursos como pooling[18], podem ser totalmente explorados.

- *Hibrid Cloud*: A *cloud* híbrida oferece às empresas várias possibilidades de combinação dos diversos tipos de cloud, baseando-se nas vantagens e desvantagens de cada tipo. Por exemplo os dados que necessitam de estar protegidos podem

---

[18] Pooling de recursos é um termo de TI usado em ambientes de computação em nuvem para descrever uma situação em que os provedores atendem a vários clientes ou" locatários "com serviços provisórios e escalonáveis.

residir numa Private Cloud, enquanto os dados e aplicações públicas podem ser executados na *Public Cloud*.

Jim Reavis diretor executivo da Cloud Security Alliance (CSA), que é uma entidade não-governamental dedicada à segurança em ambientes de cloud, divulgou uma lista onde identifica sete itens de segurança em cloud que devem ser alvo de muita atenção (Yoon, 2011).

Os itens, segundo Vaquero *et al* (2009), que devem ser objeto de atenção são:

1. Perda de dados.

De acordo com Jim Reavis, não se tem ainda um nível mínimo de controle de segurança em *cloud*. As aplicações podem perder dados. Isto é ocasionado, principalmente, pelo do mau controle das APIs, problemas de armazenamento ou uma fraca gestão das chaves de acesso ao sistema.

Além disso, não há uma política de destruição de dados. Na maioria dos casos o que existe é uma informação falsa, de que os dados foram removidos, enviada ao cliente quando na realidade os dados apenas são retirados do índice e não são devidamente apagados.

2. Vulnerabilidades das tecnologias de compartilhamento.

Em cloud uma configuração errada pode ser duplicada num ambiente que é partilhado por vários servidores e máquinas virtuais, e neste contexto, devem existir SLAs que assegurem a gestão de atualizações e as melhores práticas possíveis no que diz respeito à manutenção da rede e configuração de servidores.

3. Pessoas maliciosas dentro da equipe.

É necessário confiar na equipe existente, mas também é necessário confiar no fornecedor de serviços.

O fornecedor de serviços possui os seus próprios níveis de segurança sobre acesso a data centers, o que faz com que existam diferentes níveis de controle sobre a equipe.

4. Desvio de tráfego, contas e serviços.

Existem muitos dados, aplicações e recursos presentes nas nuvens e a autenticação para este tipo de serviços é feita de forma insegura, pois o acesso pode ser feito a todos os itens e pode obter-se o acesso a uma máquina virtual de um cliente em modalidades, tais como:

- Acesso à conta do cliente, sendo que, neste caso o cliente tem todo o conteúdo da sua máquina virtual exposta ao invasor.

- Acessos ao administrador da cloud, em que o invasor tem poder sobre todas as máquinas virtuais de todo os clientes o que por si constitui uma ameaça bem maior.

5. Interfaces de programação de Aplicativos Inseguras.

As APIs inseguras permitem que usuários mal-intencionados possam utilizar estes serviços para invadir as contas.

Podem existir ameaças de segurança, como acontece com os ataques de *cross-scripting*[19] .

6. Botnet.

---

[19] Cross-Site Scripting – XSS. É um tipo de vulnerabilidade de sites por meio da qual um um ataque pode ser capaz de inserir scripts maliciosos em páginas e aplicativos que seriam confiáveis e usá-los para instalar malwares nos navegadores dos usuários. Com XSS, os hackers não têm como alvo usuários específicos, mas sim disseminar um *malware* para inúmeras pessoas.

A utilização mal-intencionada da nuvem já deixou muitos usuários com medo de possíveis ataques *botnet*[20].

Isto não é apenas um impacto direto, mas também afeta os utilizadores que dividem a nuvem com os transgressores.

7. Perfil de risco desconhecido.

Se é verdade que a existência de transparência facilita muitas coisas para quem desenvolve a nuvem, por outro lado a transparência faz com que os clientes apenas consigam ver uma interface, sem saber informações sobre as infraestruturas e níveis de segurança associados aos serviços que estão a contratar.

Quando decidimos optar pela utilização de cloud existe um conjunto de riscos que devem ser avaliados e levados em conta. Por exemplo, em primeiro lugar, é importante avaliar a importância do ativo (dados e processos) imaginando vários cenários através de diversas perguntas que permitam perceber de que forma os ativos e os processos podem estar expostos.

Através da criação dos cenários referidos anteriormente conseguimos avaliar para cada ativo o impacto de confidencialidade, integridade e disponibilidade no caso de todo ou apenas uma parte ficar na nuvem.

Silva et al. (2012) propõem alguns pontos de análise:

- Em que medida poderíamos ser prejudicados se o ativo fosse largamente divulgado e se tornasse público?

- Em que medida seríamos prejudicados se um funcionário do

---

[20] A palavra botnet é formada pela junção das palavras em inglês "robot" (robô) e "network" (rede). Os criminosos virtuais usam cavalos de Troia especiais para violar a segurança de computadores de vários usuários, assumir o controle de cada um deles e organizar todas as máquinas infectadas em uma rede de "bots" que pode ser gerenciada remotamente.

fornecedor do serviço de cloud acessasse dados e processos indevidamente?

- Em que medida poderíamos ser prejudicados se alguém externo à empresa executasse funções ou processos sem as devidas permissões?

- Qual seria o impacto no caso de acontecer uma quebra nos serviços que impossibilitasse o acesso a dados e processos?

- Qual o impacto de uma alteração inesperada nos dados?

O passo seguinte será avaliar os fornecedores de serviço de cloud procurando reunir o máximo de informação como qual a arquitetura utilizada quais os mecanismos de segurança e quais as políticas quer de segurança quer de recuperação em caso de falhas ou desastres.

É importante perceber qual o modelo de cloud, pública, privada, híbrida ou comunitária, que melhor corresponderá às necessidades do negócio e da empresa.

Outro ponto importante, segundo Manyika et al. (2011), é saber qual o fluxo de dados que sai da empresa para a nuvem e da nuvem para a empresa, assim como é importante aferir o modo como os dados se movem para cloud.

A necessidade emergente de assegurar uma transição gradual das aplicações de infraestrutura empresarial para a infraestrutura em cloud é um dos grandes desafios para esta próxima geração de informáticos. A especificação de parâmetros que procuram garantir a qualidade de serviços constitui um mecanismo essencial em ambientes onde o outsourcing é bastante utilizado.

A contratação de SLA deve permitir a garantia de níveis de serviço desejados, mas é fato que os SLAs, por si só, não garantem a qualidade, pois um mesmo serviço suporta um conjunto de mecanismos que permitem a monitorização e a identificação das responsabilidades. Entretanto, as punições e compensações, caso o acordo não seja cumprido, garantem uma boa qualidade do serviço.

Os SLAs são muito utilizados nos serviços de telecomunicações com o intuito de especificar as características técnicas que permitem a garantia dos serviços ao utilizador como por exemplo largura de banda, disponibilidade e taxas de erros (Oswald et al., 2010) (Tankard, 2012).

Nos serviços associados à TI, os SLAs podem e devem ser adotados, mas de uma forma diferente da que é utilizada nos serviços de telecomunicações. Assim, segundo Yoon (2011), existe um acordo que passa a representar as expetativas dos usuários e dos fornecedores de serviços e, desta forma, define as obrigações que podem ser especificadas para cada uma das partes envolvidas.

Ainda, segundo Yoon (211), é importante que as informações que constam no acordo sejam diferenciadas, observando-se prioritariamente:

- A descrição dos serviços.

- A descrição das partes envolvidas, ou seja, o utilizador do serviço e o fornecedor do serviço.

- Os níveis de serviços desejados.

- O métricas utilizadas para a monitorização do serviço.

- O quem são os responsáveis pela monitorização.

- As penalizações que serão aplicadas quando as obrigações especificadas não forem atendidas.

- O mecanismo de evolução do SLA.

É importante observar que no contexto do SLA, o acompanhamento contínuo dos níveis de serviço bem como a sua especificação possui uma elevada importância. É por isto que devem ser utilizadas métricas que permitem avaliar o cumprimento das qualidades de serviço desejadas.

A forma como estas métricas são avaliadas é dependente do tipo de serviço e dos tipos de características de qualidade que se deseja alcançar. Em resumo as qualidades de um SLA podem ser definidas como mensuráveis ou imensuráveis (Gómez-Barroso, 2018) (Medina, 2011).

Consegue-se perceber a importância da definição de um SLA, mas também é importante compreender que um SLA não é um documento estático e a sua correta utilização depende do resultado de execução de várias atividades que são realizadas nos diferentes estágios da sua vida.

Assim, existe um conjunto de fases que estão associadas ao ciclo de vida de um SLA (TM Forum, 2005):

- Definição. Nesta fase são identificadas as características do serviço e definidos os parâmetros de qualidade que devem ser disponibilizados aos utilizadores.

- Negociação. Fase em que se associa a definição dos parâmetros do serviço com os custos para os usuários e as penalizações em caso de descumprimento.

- Implementação. Fase em que o serviço é preparado para o utilizador.

- Execução. Esta fase está associada às operações de monitorização dos serviços, sendo o objetivo a avaliação dos parâmetros de qualidade que foram especificados e a verificação do cumprimento do SLA.

- Avaliação. Nesta fase o fornecedor de serviços avalia a

qualidade do serviço que fornece.

- Finalização. É nesta fase que são tratadas as questões relacionadas com a finalização do serviço, que podem ser a expiração do contrato ou a violação do SLA definido.

Ao se analisar o contexto de Big Data há dois modelos chave de nuvem: nuvens públicas e nuvens privadas. Para as empresas que adotam modelos de implantação e entrega em nuvem, a maioria usará uma combinação de computação privada com data centers e nuvens privadas e serviços públicos que são operados por empresas externas para o uso compartilhado de uma variedade de clientes que pagam uma taxa por uso.

Com a crescente importância da cloud também aumentaram as preocupações com questões como a segurança e a privacidade, no entanto a especificação de SLAs que envolvam características de segurança, denominados de Security SLA, estabelecem alguns desafios que envolvem a especificação dos níveis de segurança e a representação de acordo e a constante monitorização (Boyd et al., 2012).

A figura a seguir permite identificar uma relação entre as qualidades mensuráveis e imensuráveis que estão associadas aos serviços de TI.

Qualidades mensuráveis	
Precisão	Limite de taxas de erros para os serviços durante um determinado período de tempo.
Disponibilidade	Probabilidade de disponibilidade do serviço quando necessário.
Capacidade	Número de solicitações concorrentes que o sistema é capaz de suportar.

Custo	Custos de serviços.
Latência	Tempo máximo entre a chegada das solicitações e a resposta a essas solicitações.
Tempo de provisionamento	Tempo necessário para que o serviço se torne operacional.
Confiabilidade das mensagens	Garantia de entrega das mensagens.
Escalabilidade	Capacidade do serviço aumentar o número de operações executadas com sucesso num determinado período de tempo.
Qualidades não mensuráveis	
Interoperabilidade	Capacidade de comunicação com outros serviços.
Possibilidade de mudança	Frequência com que as modificações ocorrem num determinado serviço.
Segurança	Capacidade do serviço para resistir à utilização não autorizada, ao mesmo tempo que fornece serviços para clientes legítimos.

Exemplo da qualidade nos serviços de TI.

É importante entender esses ambientes e o que eles significam para a implantação de Big Data. E como as empresas equilibram os fornecedores públicos e privados depende de uma série de questões, incluindo privacidade, latência e objetivo.

Os dois tipos de modelos de implantação para computação em nuvem, públicos e privados, são oferecidos para necessidades de computação de propósito geral, em oposição a tipos específicos de modelos de entrega em nuvem.

A escolha que sua empresa fará dependerá, então, da natureza de seus projetos de Big Data e da quantidade de risco que a empresa pode assumir.

É importante também, ao analisar as alternativas, primeiro delinear os modelos de implantação e entrega e, em seguida, ponderar sobre o que eles significam para o Big Data, pois com a disponibilidade de oferta atual as empresas têm como determinar a melhor forma de compor sua infraestrutura para os projetos de Big Data (Tankard, 2012):

1. É possível utilizar uma nuvem pública IaaS[21].

2. Podem continuar a manter todos os seus dados em instalações próprias em um local físico sob seu controle.

3. Fazer uso combinado com as alternativas acima.

A nuvem pública é um conjunto de hardware, rede, armazenamento, serviços, aplicativos e interfaces pertencentes e operados por terceiros para uso por outras empresas e indivíduos.

Os provedores são viáveis porque normalmente gerenciam cargas de trabalho relativamente repetitivas ou diretas e criam um data center altamente escalável que esconde do consumidor os detalhes da infraestrutura.

Para o caso do correio eletrônico, que é um aplicativo muito simples, um provedor de nuvem pode otimizar o ambiente para que seja

---

[21] Infraestrutcture as a Service - IaaS. A Infraestrutura como um Serviço fornece a infraestrutura básica de TI para a criação de uma nuvem, seja ela privada ou pública. O IaaS disponibiliza a infraestrutura de rede e servidores (virtuais ou em hardware dedicado) para quem deseja montar sua própria nuvem de serviços.

adaptado para dar suporte a muitos clientes, mesmo que salve muitas mensagens. O mesmo acontece com empresas que oferecem serviços de armazenamento ou computação que otimizam seu hardware e software para oferecer suporte a esses tipos específicos de cargas de trabalho.

É necessário considerar, ao optar por este tipo de serviço, os problemas que mais geram reclamação em relação a nuvens públicas para Big Data:

- Não atendimento dos requisitos de segurança.

- Não atendimento da latência aceitável.

As nuvens públicas se diferenciam em muitos fatores. Os principais são:

- Nível de segurança.

- Nível de gerenciamento de serviço.

- Robustez.

- Custo.

A nuvem privada é composta por hardware, rede, armazenamento, serviços, aplicativos e interfaces pertencentes e operados por uma empresa para uso de suas equipes, parceiros e clientes.

São características da nuvem privada:

- ✓ Pode ser implementada e gerenciada por terceiros para uso exclusivo de uma empresa.

- ✓ É um ambiente altamente controlado, não aberto ao consumo público.

- ✓ Fica cercada por um firewall.

✓ É altamente automatizada com foco em governança, segurança e conformidade. A automação substitui mais processos manuais de gerenciamento de serviços de TI para dar suporte aos clientes.

Com estas características levadas muito à sério, as regras e os processos de negócios podem ser implementados dentro do software para que o ambiente se torne mais previsível e gerenciável. Para empresas que gerenciam um projeto de Big Data que demanda o processamento de grandes quantidades de dados, a nuvem privada pode ser a melhor escolha em termos de latência e segurança.

Uma nuvem híbrida é a combinação de uma nuvem privada com o uso de serviços de nuvem pública com um ou vários pontos de contato entre os ambientes.

O objetivo, no caso da nuvem híbrida, é criar um ambiente de processamento em nuvem muito bem gerenciado que pode combinar serviços e dados de uma variedade de modelos de nuvem para criar um ambiente de computação unificado, automatizado e bem gerenciado.

Além dos modelos de implantação de nuvem é importante conhecer e compreender os três modelos de entrega serviço em nuvem mais populares Saas, Paas e IaaS.

O ponto em comum entre SaaS, IaaS e PaaS é o tipo de serviço que oferecem. Todos eles são serviços online que foram desenhados para funcionar através da nuvem e trabalham com uma base de pagamento por uso.

Essa é a maior vantagem, já que sua empresa paga pelo serviço que deseja, precisa e usa, e nada mais. A manutenção e suporte são oferecidos pelo provedor, fazendo o sistema "as a service" a escolha ideal para empresas que querem cortar custos, melhorar a comunicação e aumentar a produtividade.

3.5.1 SaaS, IaaS e PaaS.

3.5.1.1 Infraestrutura como um serviço- IaaS.

Este modelo funciona com a mesma premissa do SaaS, oferecendo um serviço de infraestrutura em uma base de pagamento por uso e completamente online. Esse serviço oferece um provedor na nuvem para alocar todo o banco de dados de uma empresa.

Toda empresa que presta serviço a clientes necessita de um provedor para salvar as informações dos clientes, as senhas e os conteúdos.

Tomando o Facebook como exemplo. Quando entramos com nosso e-mail e senha, o site nos direciona para todas as nossas fotos, nossos conteúdos, mensagens e informações. Tudo isso tem que estar salvo em algum lugar, e esse lugar é a nuvem.

Antes tudo isso era feito através de hardware, através de computadores de forma física. Agora, com IaaS, existem empresas que disponibilizam *cloud computing*, oferecendo à sua empresa uma escolha mais barata e fácil de pagar pela infraestrutura necessária.

Quando pagamos por esse espaço, o provedor, como por exemplo Amazon ou UOL, fica responsável por checar se a quantidade de espaço é suficiente, pela manutenção e suporte e por manter o site da empresa online.

Sua empresa paga pelo que usa e não precisa ter a infraestrutura física para mantertodos os dados, o que é bem mais prático e barato.

Principais características:

- IaaS é o tipo mais simples dos serviços de computação em nuvem.

- O IaaS consiste na entrega de serviços de computação, incluindo hardware, rede, armazenamento e espaço de data center com base em um modelo de aluguel.

- O consumidor do serviço adquire um recurso e é cobrado por esse recurso com base na quantidade usada e na duração desse uso.

- Há diversas versões públicas e privadas de IaaS:

  a. No IaaS público, o usuário utiliza um cartão de crédito para adquirir esses recursos. Quando o usuário para de pagar, o recurso desaparece.

  b. No IaaS privado, geralmente é a empresa de TI ou um integrador que cria a infraestrutura projetada para fornecer recursos sob demanda para usuários internos e, às vezes, parceiros de negócios.

- Provedores de nuvem pública, como AWS, Microsoft Azure e Google Cloud, são exemplos de IaaS.

A solução vem estimulando o mercado. Em 2018, a IaaS foi responsável pela movimentação de US$ 31 bilhões, contra US$ 23,6 bilhões em 2017. Desde o início, o setor é dominado pela AWS (Amazon Web Services), líder global em receita, com 38% de participação no mercado. Em seguida aparece a Microsoft com 18%, a Google com 9% e o Alibaba com 6%.

3.5.1.2 Plataforma como serviço[22] - PaaS

---

[22] *Platform as a Service* - PaaS. A Plataforma como Serviço fornece os componentes de infraestrutura e middleware que permitem que desenvolvedores, administradores de TI e usuários finais criem, integrem, migrem, implementem, protejam e gerenciem aplicativos móveis e da web.

Esse modelo proporciona a possibilidade de criar novas funcionalidades para os clientes do *cloud computing*, pois eles podem desenvolver aplicações próprias a partir da plataforma primária oferecida.

Um bom exemplo de uso deste modelo é automação de processos e implementação da metodologia BPM baseada no processamento em nuvem. Toda a informação é guardada de forma segura, pode ser monitorada de forma fácil, chega a todos os departamentos e pessoas ao mesmo tempo e pode ser atualizada no momento em que acontece.

Isso resulta em uma padronização extremamente positiva, já que todos os processos estão no mesmo lugar e podem ser facilmente mapeados e otimizados. Já que os pagamentos são feitos por uso e mensalmente ou anualmente e os resultados são notados rapidamente, os custos caem e a produtividade aumenta, dando à empresa uma enorme vantagem frente aquelas que ainda utilizam softwares tradicionais.

Principais características:

- É um mecanismo para combinar IaaS com um conjunto abstrato de serviços de middleware, desenvolvimento de software e ferramentas de implantação.

- Requer um IaaS.

- Suporte para diferentes linguagens de programação.

- Tempo de desenvolvimento reduzido.

- Permite que a empresa tenha uma maneira consistente de criar e implantar aplicativos em uma nuvem ou no local.

- Oferece um conjunto consistente de serviços de programação ou middleware que garantem que os desenvolvedores tenham uma maneira bem testada e integrada de criar aplicativos em um ambiente de nuvem.

- Reúne desenvolvimento e implantação para criar uma maneira mais gerenciável de construir, implantar e dimensionar aplicativos.

- Tudo fica na nuvem, exceto a programação.

- Problemas que pode acontecer com o PaaS:

  a. Grande dificuldade de migrar seu sistema para outro concorrente. As linguagens de programação podem ser conflitantes e sempre é possível encontrar resistência quanto à rigidez de algumas cláusulas no contrato.

  b. Possibilidade da sua empresa não ter uma estrutura de hardware adequada ou muito escalável.

Entre os fornecedores de PaaS estão as gigantes da tecnologia, que têm capacidade para oferecer uma ampla gama de recursos para os clientes em uma mesma plataforma. Alguns dos principais são o Google App Engine, Oracle Cloud Platform, Cloud Fondry, da Pivotal, e o Heroku, da Salesforce

3.5.1.3 Software as a Service[23] - SaaS.

- É um aplicativo de negócios criado e hospedado por um provedor em um modelo multilocatário. A multilocação refere-se à situação em que uma única instância de um aplicativo é executada em um ambiente de nuvem, mas atende a várias empresas clientes (locatários), mantendo todos os seus dados separados.

- É a camada mais operacional na estratégia de uso da tecnologia em nuvem de uma empresa

- Os clientes pagam pelo serviço por usuário mensal ou anualmente de acordo com o modelo de contrato.

- Os dados ficam seguros na nuvem, uma falha de equipamento não resulta em perda de dados.

- O uso de recursos pode escalar dependendo das necessidades de serviço.

- Os aplicativos são acessíveis a partir de praticamente todos os dispositivos conectados à Internet, de qualquer lugar no mundo.

- Demanda PaaS e IaaS.

---

[23] *Software as a Service* – Saa. Software como um Serviço é uma forma de disponibilizar softwares e soluções de tecnologia por meio da internet, como um serviço. Com esse modelo, os clientes não precisam instalar, manter e atualizar hardwares ou softwares. O acesso é fácil e simples sendo necessário apenas uma conexão com a internet.

Microsoft, com o Office 365, Dropbox, Salesforce, Google Apps e Red Hat Insights são alguns exemplos de SaaS.

3.5.2 Não é possível confiar 100% na nuvem.

Os serviços baseados em nuvem podem fornecer uma solução econômica para suas necessidades de Big Data, mas a nuvem, como tudo que existe no mundo, tem seus problemas. É importante analisar bem os prós e contras antes de se decidir por esta modalidade de serviço.

Cabe refletir bastante sobre estas questões.

1. Custos. Pequenos custos quando somados podem se transformar em grandes dívidas. Tenha o cuidado de ler as letras miúdas de qualquer contrato e certifique-se de saber o que deseja fazer na nuvem.

2. Transporte de dados. É necessário ter certeza do processo que executará a transferência dos dados na nuvem em primeiro lugar. Por exemplo, alguns provedores permitem que os dados sejam enviados por e-mail. Outros insistem em enviá-lo pela rede. O processo escolhido deve ser o melhor para sua empresa e deve apresentar o menor custo.

3. Localização. É necessário saber onde os dados da sua empresa estarão localizados? Em algumas empresas e países, questões regulatórias impedem que os dados sejam armazenados ou processados em máquinas em países diferentes.

4. Desempenho. Como sua empresa está interessada em obter um padrão de desempenho de seu provedor de serviços, certifique-se de que existem definições explícitas de acordos de nível de serviço para disponibilidade, suporte e desempenho. Por exemplo, o provedor pode dizer que a empresa poderá acessar

os dados 99,999 por cento do tempo. Assim, sempre leias as "linhas pequenas" do contrato. Este tempo de atividade inclui manutenção programada, feriados e problemas com intempéries atmosféricas?

5. Integridade de dados. É necessário que o provedor demonstre que possui os controles corretos para garantir que a integridade de seus dados seja mantida.

6. Conformidade. O provedor deve cumprir todas as questões de conformidade específicas de sua empresa ou setor.

7. Acesso aos dados. O provedor deve provar, sem sombra de dúvidas, que existem controles para garantir que a empresa e somente ela terá acesso aos dados dela. Isso pode incluir gerenciamento de identidade, em que o objetivo principal é proteger as informações de identidade pessoal para que o acesso aos recursos do computador, aplicativos, dados e serviços seja controlado de maneira adequada.

3.5.3   Notificações de violação de dados.

A LGPD não possui prazos detalhados para que seja feita a notificação de vazamento de dados à autoridade de supervisão. A lei diz apenas que a comunicação deve ser feita em prazo "razoável".

Já o RGPD determina que esses incidentes devem ser notificados dentro de 72 horas.

Por outro lado, a lei brasileira também determina que os indivíduos que tiverem os dados violados também sejam notificados do incidente, o que não é um requisito no regulamento europeu.

3.5.4   Sanções.

As sanções às quais as empresas estão sujeitas seguem a mesma abordagem.

O RGPD determina que, em caso de incidente de violação de dados, pode haver multas que variam de 10 a 20 milhões de Euros ou de 2% a 4% do faturamento anual total do exercício financeiro anterior, o que for maior.

A LGPD, por sua vez, estabelece multas simples de até 2% da receita global do exercício anterior até 50 milhões de Reais por violação.

Também é importante ressaltar que o GPDR é um regulamento e, portanto, busca ser mais direto e objetivo em seus termos, estabelecendo regras específicas para diferentes situações.

A LGPD, por outro lado, é uma lei, com cláusulas mais abertas e subjetivas, permitindo interpretações diferentes em alguns pontos, que serão consolidados pela jurisprudência e regulamentados pela ANPD, uma vez criada.

Apesar disso, ambos possuem o mesmo objetivo: garantir a privacidade os indivíduos e, indiretamente, chamar as empresas para enfrentarem o problema da **segurança da** informação.

4 Estratégia de Implementação de Big Data.

Uma estratégia bem elaborada para a implementação do Big Data é essencial para o sucesso de qualquer iniciativa nesse campo. A implementação eficaz do Big Data envolve uma série de considerações e etapas que devem ser cuidadosamente planejadas e executadas. Neste texto, discutiremos os principais aspectos de uma estratégia de implementação de Big Data.

4.1 Definição de Objetivos.

Na definição de objetivos para a implementação efetiva de Big Data, é fundamental iniciar com a formulação de metas claras e específicas que a organização deseja alcançar através desta abordagem inovadora.

A amplitude dos objetivos pode ser variada e adaptável conforme as distintas necessidades e prioridades da empresa. Desde a otimização da eficiência operacional até a aprimoração da capacidade de tomada de decisões estratégicas, passando pela personalização aprimorada do atendimento aos clientes e a melhoria da eficácia da cadeia de suprimentos, a definição cuidadosa desses objetivos é crucial para direcionar de maneira precisa os esforços e recursos associados ao uso do Big Data.

Esta etapa inicial não apenas estabelece uma base sólida para a execução bem-sucedida da estratégia, mas também abre a possibilidade de explorar plenamente o potencial transformador que o Big Data pode oferecer às operações e resultados da organização.

4.2 Avaliação da Infraestrutura Existente.

Na avaliação da infraestrutura existente, surge a necessidade crucial de examinar a capacidade tecnológica atual da organização para determinar sua prontidão em lidar com o Big Data. Este processo abrange a análise minuciosa da capacidade de armazenamento, processamento e análise de dados, bem como a identificação de lacunas e áreas que necessitam de modernização tecnológica.

Caso se revele necessário, a implementação de investimentos direcionados à infraestrutura e a incorporação de tecnologias adequadas poderão ser consideradas para fortalecer a capacidade da organização em atender às exigências do Big Data.

Esse passo crítico visa garantir que a infraestrutura esteja alinhada com as demandas impostas pela gestão eficaz de grandes volumes de dados, permitindo assim que a organização capitalize plenamente as oportunidades oferecidas por essa abordagem analítica avançada.

4.3   Identificação de Fontes de Dados.

A etapa subsequente envolve a identificação das fontes de dados essenciais para a organização. Este processo abarca a coleta tanto de dados internos - como transações, registros de clientes e informações operacionais - quanto de dados externos - como dados de mercado, interações em redes sociais, informações públicas, entre outros.

A identificação criteriosa dessas fontes de dados desempenha um papel fundamental na avaliação da disponibilidade e relevância das informações em relação aos objetivos determinados pela organização.

Esse mapeamento detalhado não apenas fornece insights valiosos para o planejamento estratégico, mas também orienta a execução refinada das iniciativas de análise de dados, permitindo à organização maximizar o valor e a utilidade dos dados disponíveis.

4.4   Seleção de Tecnologias Adequadas.

Na etapa de Seleção de Tecnologias Adequadas, é crucial, levando em consideração os objetivos traçados e as fontes de dados identificadas, escolher as tecnologias mais adequadas para o processamento, armazenamento e análise desses dados.

Neste contexto, há uma gama de alternativas disponíveis, tais como bancos de dados NoSQL, data lakes, plataformas de processamento distribuído, ferramentas de análise preditiva, entre outras.

A escolha criteriosa dessas tecnologias desempenha um papel fundamental na eficácia da implementação de Big Data, permitindo uma manipulação eficiente e insights valiosos a partir dos dados.

Cada tecnologia selecionada deve ser alinhada com os requisitos específicos da organização e com a natureza dos dados a serem processados, visando a maximizar o potencial de geração de valor e a otimização dos processos de análise de dados.

4.5   Coleta e Integração dos Dados.

Na fase de Coleta e Integração dos Dados, uma vez que as tecnologias tenham sido selecionadas, torna-se necessário estabelecer processos eficazes para a coleta e integração dos dados. Este procedimento pode envolver a implementação de pipelines de dados, que possibilitam a captura e transferência dos dados para os sistemas de armazenamento e processamento.

Ademais, é essencial assegurar a qualidade e a integridade dos dados por meio da realização de etapas de limpeza, transformação e enriquecimento, preparando-os para a análise. Este cuidadoso gerenciamento dos dados não apenas facilita a organização e a acessibilidade dos dados relevantes, como também contribui significativamente para a precisão e confiabilidade dos resultados obtidos por meio da análise de Big Data.

A integração eficiente dos dados cria uma base sólida para a geração de insights e tomada de decisões embasadas em informações estratégicas e acionáveis.

4.6 Análise e Extração de Insights.

Na etapa de Análise e Extração de Insights, que sucede a coleta e integração dos dados, entra em cena a aplicação de diversas técnicas de análise de dados, tais como machine learning, data mining e estatística. Estas técnicas são empregadas com o objetivo de identificar padrões, tendências e correlações significativas nos dados coletados.

Este processo possibilita a extração de insights valiosos que podem respaldar a tomada de decisões estratégicas, identificar oportunidades de negócios, otimizar processos internos e aprimorar a experiência do cliente.

A análise aprofundada dos dados, aliada ao emprego de ferramentas avançadas, como inteligência artificial e análise preditiva, potencializa a capacidade da organização de explorar plenamente o potencial do Big Data, transformando informações em ações orientadas a resultados e impulsionando o sucesso empresarial.

4.7 Visualização e Comunicação dos Resultados.

A etapa de Visualização e Comunicação dos Resultados desempenha um papel crucial na eficácia da análise de Big Data. É essencial apresentar os insights de forma clara e compreensível, tornando as informações acessíveis e úteis para a organização.

Por meio do uso de técnicas avançadas de visualização de dados, como gráficos, dashboards e relatórios interativos, os resultados da análise podem ser compartilhados de maneira impactante e significativa com as equipes de trabalho, gestores e demais partes interessadas.

Essa abordagem facilita a compreensão dos insights e promove a utilização eficaz das informações, resultando em decisões estratégicas embasadas em dados e ações orientadas pelos resultados gerados.

A comunicação clara e visualmente atraente dos resultados potencializa a capacidade da organização de aproveitar ao máximo o valor dos dados analisados, impulsionando a inovação, o aprimoramento dos processos e a vantagem competitiva no mercado.

4.8   Monitoramento e Ajustes.

A fase de Monitoramento e Ajustes é fundamental no contexto da análise de Big Data, pois esse processo é dinâmico e requer uma vigilância constante. É essencial acompanhar de perto a eficácia dos modelos e algoritmos empregados, identificando possíveis áreas de aprimoramento e ajustes necessários ao longo do tempo.

Além disso, o monitoramento dos resultados após a implementação das ações é crucial para avaliar o impacto e a relevância das decisões tomadas com base nos insights extraídos dos dados analisados.

Esse acompanhamento contínuo permite uma resposta ágil a mudanças no ambiente de negócios e nas necessidades da organização, garantindo a manutenção da eficácia das estratégias de Big Data e a maximização do valor obtido a partir da análise de dados.

A capacidade de ajustar e otimizar constantemente as abordagens analíticas contribui significativamente para a consecução dos objetivos estabelecidos e para aprimorar continuamente os processos e resultados da organização.

4.9   Segurança e Privacidade dos Dados.

Com o aumento exponencial na coleta e processamento de dados, a segurança e a privacidade dos dados assumiram um papel crucial. Torna-se fundamental adotar medidas de segurança cibernética robustas, utilizar técnicas de criptografia e implementar uma governança eficaz dos dados.

Essas ações visam assegurar a proteção dos dados contra ameaças e violações, além de garantir a conformidade com as leis e regulamentações de proteção de dados em vigor.

Proteger a integridade e a confidencialidade dos dados é essencial para construir a confiança dos clientes, preservar a reputação da empresa e evitar penalidades legais associadas ao manuseio inadequado de informações sensíveis. Ao priorizar a segurança e a privacidade dos dados, as organizações podem mitigar riscos significativos e manter a transparência e a responsabilidade no tratamento de dados pessoais e empresariais.

4.10   Aprimoramento Contínuo.

O aprimoramento contínuo no uso de Big Data é essencial, pois esse processo é iterativo e exige uma mentalidade de busca constante por melhorias e inovações na análise de dados.

As organizações devem estar prontas para adotar novas tecnologias, fortalecer as habilidades e competências da equipe, e ajustar suas estratégias em resposta às mudanças no ambiente de negócios e nas demandas dos clientes.

A busca por aprimoramento contínuo proporciona uma vantagem competitiva significativa, permitindo que as organizações se adaptem rapidamente às transformações do mercado e extraiam o máximo valor do uso de Big Data.

Ao permanecerem ágeis e receptivas à evolução tecnológica e às necessidades do mercado, as empresas podem impulsionar a inovação, otimizar processos e aprimorar continuamente suas operações para alcançar o sucesso a longo prazo.

5   Segurança, Governança, Ética e Sociedade.

A segurança de dados pode ser considerada como um processo de proteção de arquivos, bancos de dados e contas em uma rede. O sistema adota um conjunto de controles, aplicativos e técnicas que identificam a importância relativa de diferentes conjuntos de dados, sua sensibilidade e requisitos de conformidade normativa e, em seguida, aplica proteções apropriadas para protegê-los.

A governança, por seu turno, tomando como base o conceito de governança da informação, pode ser compreendida como a capacidade de se criar uma fonte de informação confiável que pode ser utilizada por funcionários, parceiros e clientes da empresa.

Percebe-se que, apesar da governança e a segurança de dados ocupar muito da atenção das boas empresas, é muito provável que elas não estejam preparadas para as complexidades que são apresentados pela gestão de Big Data.

Em geral, a análise de Big Data é conduzida com uma vasta gama de fontes de dados que podem ser não testadas e devido à insegurança gerada por este processo as empresas passam a ter necessidade de tratar de políticas de segurança e governança que se aplicam a este cenário (Ksheri, 2014).

Alguns destes dados não serão necessários e devem ser adequadamente descartados. Os dados que restam precisarão ser protegidos e governados. Assim, independente da estratégia de gerenciamento de informação da empresa ela precisa ter uma estratégia de segurança muito bem definida.

A combinação de segurança e governança irá assegurar a prestação de contas por todas as partes envolvidas na gestão da informação.

Alguns especialistas acreditam que diferentes tipos de dados exigem diferentes formas de proteção e que, em alguns casos, em um ambiente de nuvem, a criptografia de dados pode, de fato, ser um exagero.

É possível criptografar tudo. Um exemplo é gravar algo em seu próprio disco rígido e criptografá-lo ao enviar para o provedor de serviços de nuvem ou quando fizer o armazenamento em uma nuvem do provedor de banco de dados. É possível criptografar em cada camada do processo.

Criptografar tudo é uma boa alternativa de segurança, mas representa uma perda de desempenho. Por exemplo, muitos especialistas aconselham gerenciar suas próprias chaves em vez de permitir que um provedor de nuvem faça isso, e isso pode se tornar complicado. Manter o controle de muitas chaves pode ser um pesadelo. Além disso, criptografar tudo pode criar outros problemas.

Por exemplo, se sua equipe está tentando criptografar dados em um banco de dados, será necessário examinar os dados enquanto eles são armazenados no banco de dados. Este procedimento pode ser caro e complicado.

Uma das fraquezas das estratégias de criptografia é que seus dados estão em risco, antes e depois de serem criptografados. Manter um grande número de chaves pode ser impraticável e gerenciar o armazenamento, o arquivamento, e o acesso das chaves é difícil. Para aliviar esse problema, gere e calcule as chaves de criptografia conforme necessário para reduzir a complexidade e melhorar a segurança.

Aqui estão algumas outras técnicas de proteção de dados atualmente disponíveis:

– Anonimização de dados.

 o Os dados são anônimos quando se retira os dados que podem ser unicamente vinculados a um indivíduo, tais como o nome de uma pessoa, número do cpf ou número do cartão de crédito.

o Apesar desta técnica ser muito útil para proteger dados pessoais de identificação, gerando privacidade, é necessário que se tenha muito critério com relação à quantidade de informações que se retira. Se forem insuficientes, hackers podem ainda identificar a quem os dados se referem.

- Tokenização[24].

o Esta técnica protege dados confidenciais, substituindo-os por tokens aleatórios ou valores de alias[25] que não significam nada, para evitar que pessoas não autorizadas tenham acesso a esses dados.

o A tokenização pode proteger informações de cartão de crédito, senhas, informações pessoais e assim por diante.

o Alguns especialistas argumentam que é mais seguro do que criptografia.

- Controles de banco de dados em nuvem.

o Nesta técnica, controles de acesso são construídos na base de dados para proteger todo o banco de dados de modo que não seja necessário criptografar cada segmento de dados na nuvem.

---

[24] Processo que substitui dados reais por dados equivalentes de mesmo formato e protegidos por criptografia.

[25] Alias quer dizer pseudônimo, apelido e, em computação, é um comando que permite substituir uma palavra por outras ou por uma cadeia de caracteres.

5.1   Dez Melhores Práticas para segurança de Big Data

Quando se fala em segurança de Big Data o foco é invariavelmente nos riscos à proteção da informação. Esta fragilidade é ainda maior durante o processo de implantação de Big Data. Projetos de Big Data têm recebido atenção especial das corporações devido à sua capacidade de explorar dados não estruturados em busca de novos conhecimentos e oportunidades de negócios.

Ao trabalhar com enormes quantidades de informações de muitas fontes diferentes será necessário ter muito cuidado em relação a segurança. O armazenamento dos dados coletados pode se transformar em alvo de ataques virtuais e vazamento de informações sigilosas, o que prejudicaria a reputação da empresa, comprometendo sua credibilidade.

Priorizar a segurança do processo é algo de extrema importância.

É necessário melhorar a resiliência dos sistemas, utilizando recursos de espelhamento de dados e alta disponibilidade, além de verificar a regulamentação e conformidade do local de armazenamento, uma vez que utilizar servidores de Cloud, torna ainda mais complexo o gerenciamento da segurança e da privacidade dos dados (Youself, 2008).

A maioria dos erros cometidos em projetos de Big Data está relacionada à falta de mecanismos de autenticação e ao uso de canais sem reforço na segurança para acessar a base de dados, como a criptografia. Assim, para que a empresa possa permanecer focada em seus objetivos e estratégias de Big Data, sem ter que se preocupar excessivamente com a segurança dos dados, há alguns métodos que podem minimizar esses problemas.

Aqui estão 10 práticas que devem ser seguidas:

1º. Monitorar o hardware.

O processo de coletar os dados requer um alto nível de segurança, pois, como é possível acessar informações de diversas fontes e diferentes formatos, suas origens podem não ser confiáveis.

É necessário o monitoramento de hardware em tempo real para evitar a entrada de dados falsos e a adição de dispositivos não confiáveis em um cluster.

Para evitar esse tipo de ataque deve-se implementar sistemas de front-end, como firewalls[26] e roteadores.

2º. Garantir a segurança do armazenamento de dados e registros de logs[27].

O gerenciamento do armazenamento é uma das categorias que mais deve ser levada em conta nas questões sobre segurança. A localização dos dados não é fixa e pode sofrer modificações e até ataques maliciosos.

---

[26] Um firewall é um dispositivo de segurança da rede que monitora o tráfego de rede de entrada e saída e decide permitir ou bloquear tráfegos específicos de acordo com um conjunto definido de regras de segurança.

[27] Log de dados é uma expressão utilizada para descrever o processo de registro de eventos relevantes num sistema computacional.

A criptografia baseada em políticas DRM[28] possibilita o controle de conteúdo de maneira restrita. A rotação de chaves e a criptografia de transmissão são formas de garantir a proteção do armazenamento.

Caso os dados estejam em uma localização não confiável, é recomendável a utilização de SUNDR[29] que aumenta a chance de detectar alterações não autorizadas.

3º. Adotar protocolos de segurança personalizados para bancos de dados NoSQL.

O uso de base de dados e sistemas NoSQL, ainda que tenha alguns benefícios, como a escalabilidade mais barata e menos trabalhosa, a possibilidade de utilizar máquinas menos potentes e a facilidade na manutenção, não é considerado o mais seguro, pois ataques são comuns.

---

[28] Digital Restrictions Management – DRM. O Gerenciamento de Direitos é uma tecnologia que visa proteger mídias digitais. Seu objetivo é coibir a pirataria para que o conteúdo digital produzido por uma pessoa ou empresa não seja copiado e distribuído indiscriminadamente.

[29] Secure Untrusted Data Repository – SUNDR. É um sistema de arquivos de rede projetado para armazenar dados com segurança em servidores não confiáveis. O SUNDR permite que os clientes detectem qualquer tentativa de modificação não autorizada de arquivos por operadores ou usuários de servidores mal-intencionados.

É recomendável utilizar senhas seguras, algoritmos de Hash30 e TLS31 que é um protocolo de segurança que protege a comunicação feita por serviços via internet, a navegação por páginas e outros tipos de transferências de dados. Além disso, deve-se registrar todas as conexões e realizar replicação dos dados.

4º. Garantir o anonimato dos usuários.

Utilizar dados em anonimato não é suficiente para proteger o usuário, pois esses dados podem ser emparelhados com o proprietário. Informações importantes correm o risco de serem vazadas e, nem sempre, os profissionais que realizam a análise estão cientes dos possíveis riscos (Boyd et al., 2012).

É recomendado que se implemente uma separação entre os direitos e deveres de cada usuário, assim cada um terá permissão de acesso apenas aos de dados que necessitar para realizar seu trabalho.

5º. Verificar e validar as fontes de dados

Realizar um registro completo de todas as informações para se ter um maior controle do processo. Registrar e controlar todas as interações, garantindo que os acessos sejam fortemente controlados.

---

[30] Uma função hash é um algoritmo que mapeia dados de comprimento variável para dados de comprimento fixo. Os valores retornados por uma função hash são chamados valores hash, códigos hash, somas hash (hash sums), checksums ou simplesmente hashes.

[31] Transport Layer Security.

Para assegurar a eficiência do processo e para que a privacidade de dados não seja comprometida, todos aqueles que se referem a identificação pessoal, números de registros, entre outras informações sensíveis, devem ser mascarados ou removidos (Chen et al., 2017).

Dessa forma, os projetos de Big Data podem ser personalizados e contar com alta capacidade de segurança para que os dados sejam capturados e analisados sem nenhum risco para as empresas.

6º. Certificar sistemas distribuídos.

Alguns problemas têm sido recorrentes em estruturas de programação distribuídas, como o vazamento de informações, falta de confiabilidade e conformidade com políticas de segurança.

Assim, o primeiro passo é, então, estabelecer políticas claras e assegurar que cada nó das estruturas distribuídas esteja seguro e tenha controle contínuo de acesso.

7º. Validar *Endpoints*[32].

A alta frequência de utilização de BYOD33 tem se tornado um grande desafio para a validação de Endpoint, pois os dispositivos móveis podem ser falsificados, roubados e até mascarar usuários.

É preciso reforçar a segurança, utilizando certificação e ferramentas de gerenciamento em todos os dispositivos usados.

---

[32] Endpoint security ou segurança de endpoint é uma abordagem referente à proteção de uma rede empresarial, com status de monitoramento, softwares e atividades.

[33] Bring Your Own Device – BYOD. Em tradução livre significa traga o seu próprio dispositivo. Este é o conceito relativo ao colaborador utilizar seu próprio equipamento, seja um notebook, seja um tablet ou mesmo um smartphone para a realização das suas tarefas profissionais.

Controlar o acesso granular.

O acesso granular é um método que torna possível fornecer privilégios para cada usuário. Cada elemento pode ser controlado e algumas práticas padrões devem ser utilizadas para que esse método seja eficaz.

É necessário certificar que esse ingresso seja controlado, mantendo rótulos de acesso, rastreamento de requisitos de sigilo a partir de SSO34 e desenvolvimento de protocolos completos para acompanhar as restrições.

8º. Utilizar criptografia.

Como os projetos de Big Data utilizam grandes fluxos de dados por meio da nuvem, a criptografia deve ser parte fundamental do processo de segurança.

Desenvolvimentos realizados na criptografia permitem a realização de cálculos de dados totalmente criptografados, sistemas de assinatura em grupo que impedem a identificação de indivíduos, além de dispersar a localização dos dados depois de cada acesso.

9º. Auditar no detalhe.

As auditorias devem ser feitas de forma granular, pois, muitas vezes, os usuários deixam passar, ou simplesmente ignoram, alertas de segurança, de modo que a auditoria precisa ser realizada regularmente para garantir uma proteção completa.

---

[34] O Single Sign-On – SSO. O Acesso Único é uma forma de autenticação que permite o acesso a diferentes aplicativos e plataformas utilizando um só cadastro. É uma medida muito utilizada em meios digitais e que agiliza processos para a experiência do usuário.

Além disso, os dados da auditoria devem ser protegidos para serem considerados confiáveis. Eles devem ser separados e restritos, além de seu acesso ser sempre registrado e controlado.

5.2 Riscos potenciais para a sociedade.

Alguns dos benefícios que podem emergir do progresso tecnológico são claros, porém, esse mesmo progresso tecnológico pode gerar alguns riscos para a sociedade. Algumas previsões apontam que entre os anos de 2020 e 2060 o poder computacional possa vir a ultrapassar a capacidade humana em quase todas as áreas (Helbing, 2015a).

Esta hipótese tem sido alvo de preocupação para alguns dos visionários do ramo da tecnologia, especialistas tais como Bill Gates da Microsoft, Elon Musk da Tesla Motors e o cofundador da Apple Steve Wozniak, bem como para o físico Stephen Hawkings apontam que ao longo do tempo foram deixados avisos em relação aos aspetos negativos relacionados com o Big Data.

Eles veem o crescimento computacional e o volume de dados como um problema, porque segundo esses especialistas a análise do comportamento humano, nos moldes do grande Irmão de George Orwell, pode submeter a humanidade a um perigo até maior do que o representado atualmente pelas armas nucleares (Helbing et al., 2015a) (Hancock, 2015).

Pensadores como Helbing (2014) e Chui et al., (2018) vão além nesta análise e defendem que a informação personalizada[35] constrói uma bolha em volta dos indivíduos. Uma espécie de prisão digital para o seu pensamento, pois as pessoas ficam menos expostas a outras opiniões, o que pode aumentar a polarização dentro das sociedades e por conseguinte potenciar conflitos.

---

[35] *Personalized information.*

A criatividade e o tão aclamado "pensar fora da caixa" não podem fluir propriamente, em condições em que tudo quanto se recebe nas leituras, nas redes sociais e nos meios de comunicação é, pelas possibilidades de seleção das fontes disponíveis para o sujeito, a resposta de si mesmo, ou seja, das suas próprias ideias.

A informação personalizada tende a reforçar padrões.

Brundage et al. (2018) nomeiam este efeito como "câmaras de eco" em que os indivíduos só ouvem e recebem pontos de vistas que estejam alinhados com a sua forma de pensar ou que estejam alinhados com as suas crenças.

Em suma, de acordo com Helbing (2015a) e Pournaras (2015):

> *"Um sistema centralizado de controle comportamental e social tecnocrático usando um sistema superinteligente resultaria em uma nova forma de ditadura".*

Assim, informação personalizada, o produto tão alardeado como principal resultado do universo de Big Data, pode ser uma faca de dois gumes, porque a mesma tecnologia pode ajudar na promoção de nacionalismos, bem como incentivar reações avessas às minorias, dar origem a resultados de eleições enviesadas etc. (Helbing, 2015b).

Essas preocupações, relativamente a Big Data, são agravadas pelo fato de atualmente muito do tipo de comunicação que é levada à cabo dentro das sociedades modernas é mediada em algum grau por sistemas automatizados (Bollier, 2010).

Brundage et al. (2018) e Acquisti et al. (2015), afirmam que as características intrínsecas de Big Data tais como a escalabilidade, o tornam particularmente apropriado para enfraquecer ou distorcer o discurso público através da produção de conteúdo persuasivo em larga escala, mas simultaneamente falso, o que pode fortalecer por um lado os regimes despóticos e por outro prejudicar o funcionamento correto até das democracias mais desenvolvidas.

Em suma, Big Data não é uma tecnologia sem possibilidades de viés negativo, não é uma tecnologia que está acima do bem e do mal. Existe, então, a emergência e a necessidade de submeter essa tecnologia que cada vez mais se difunde, aos valores das nossas sociedades, isto é, fazer com que ela esteja compatível com os valores essenciais que governam as nossas sociedades. Valores tais como igualdade, justiça, equidade etc.

Segundo Helbing (2015a), se isto não ocorrer, mais cedo ou mais tarde, as tecnologias causarão danos significativas às sociedades. O autor afirma ainda que há razões para se pensar sobre o assunto de maneira mais crítica, uma vez que alguns países já recorreram ao uso de informação para tentar gerir as suas sociedades.

Na década de 1970, o presidente chileno Salvador Allende criou programas informáticos, que incluíam inclusive modelos económicos que tentavam acompanhar o desempenho da economia em tempo real, com objetivo de melhorar a produtividade industrial (Medina, 2011).

Bem como a existência de países como, a título de exemplo, Singapura que utiliza programas como o Risk Assessment and Horizon Scanning que faz parte do centro de coordenação de segurança nacional para ajudar na administração da sociedade de acordo a informação que é obtida.

O programa em questão consiste na coleta e análise de grandes volumes de informação, permitindo desta forma uma gestão antecipada de ameaças à integridade nacional do país, assim como ataques terroristas, doenças de natureza infecciosa e finalmente a gestão de crises financeiras (Kim et al., 2014).

A disposição por parte de outros países para emularem o modelo em questão potencializa as opiniões mais críticas.

Em geral, os riscos relacionados ao bem social são bastante semelhantes àqueles para usos mais rotineiros. Um dos maiores riscos é que as ferramentas e técnicas de Big Data possam ser mal utilizadas pelas autoridades e outras pessoas com acesso a elas (Michael et al., 2018).

Exemplificando o ponto de vista acima exposto, temos a conduta do governo chinês que tem explorado formas de obter informação online e offline para atribuir uma pontuação aos seus cidadãos (pontuação do cidadão). Essa pontuação varia entre 350 e 950 pontos quando a mesma está associada a custos e benefícios.

Por exemplo um cidadão que tenha uma pontuação que exceda os 700 pode pedir um visto de viagem para Singapura não submetendo alguns documentos, de forma a agilizar o processo. Porém em caso de conduta considerada inadequada, os cidadãos podem sofrer custos como por exemplo ser impedidos de tirar um visto de viagem.

Porém, se por um lado alguns aspectos de situações como as citadas nos parágrafos anteriores, por outro a ambiguidade mantém-se, o pensamento que se segue abaixo exposto por Chen e Cheung (2017, p.357) nos permitem entender melhor esta relação:

> "Eles não têm certeza sobre o que contribui para suas pontuações de crédito social, como essas pontuações são combinadas com o sistema estadual e como seus dados são interpretados e usados. Resumindo, a pontuação baseada em Big Data está colocando os cidadãos chineses frente a grandes desafios em relação à privacidade e aos dados pessoais".

Várias entidades discordam desta prática. Um exemplo, segundo a European Group on Ethics in Science and New Technologies, o melhoramento dos processos sociais baseados em recursos de Big Data que envolvam sistemas de pontuação social, violam ideias fundamentais como o da igualdade e liberdade.

O sistema, ao invés de considerar as diferentes características das pessoas, criam diferentes tipos de pessoas à semelhança dos sistemas de castas.

Bem como segundo Michael et al. (2018) e Helbing et al. (2015b) o uso generalizado da censura na China exemplifica de forma mais explícita como a tecnologia pode ser instrumentalizada para fins políticos em estados autoritários.

O pêndulo das intenções por detrás das motivações que embasam o Big Data oscila para os dois lados, isto é, pode ser efetivamente boa, pois, espera-se que o sistema de pontuação possa vir a melhorar gestão pública, cobrando mais coerência nas atividades levadas a cabo e em última instância proporcionar mais igualdade.

Como não há um consenso em relação à natureza do Big Data alguns autores e personalidades da área da tecnologia expressam grande preocupação em relação aos possíveis contornos menos positivos que ele possa assumir no futuro, outros vão exatamente no sentido contrário.

Os especialistas contrários à expansão de Big Data acreditam que o debate sobre a análise dos dados que trafegam na internet deve se ater ao contexto comercial para que a sociedade não seja distorcida (AlgorithmWatch, 2019).

Porém, independentemente das ambiguidades existentes, há um consenso no sentido de que os cidadãos devem ser educados e/ou equipados com ferramentas e conhecimentos que os permitam navegar de forma mais tranquila nesse novo cenário criado pelas tecnologias em questão.

Além dos programas governamentais que tratam dados circulantes para censurar ou manipular os cidadãos, há outra questão ética que pode ser gerada pelo Big Data: a perda de privacidade.

Atividades que eram apenas do círculo íntimo ou partilhadas apenas com poucos indivíduos próximos dos sujeitos, agora quando desempenhadas no mundo digital deixam indícios bastante reveladores, pois, desvendam os interesses dos mesmos, informam sobre traços de personalidade, crenças, bem como quais são as suas possíveis intenções.

Lidar com essa problemática torna-se igualmente importante porque de acordo com Acquisti et al., (2015) o desgaste da privacidade pode ameaçar a autonomia de todos, não apenas como consumidores, mas também como cidadãos.

Apesar de haver uma corrida frenética para a obtenção de quantidades de dados cada vez maiores, é importante ter em mente que mais dados não se traduzem necessariamente em avanços ou progressos, nem tão pouco em melhores condições sociais.

Estamos cada vez mais dependentes das tecnologias da informação. Elas estão cada mais presentes em todos os seguimentos de nas nossas vidas, quer a nível pessoal ou profissional. O controle sobre os dados pessoais tornou-se um quesito inerentemente ligado às questões de escolha pessoal, autonomia e poder socioeconômico.

Os dilemas relacionados à privacidade representam hoje um grande desafio. E este desafio só vai crescer.

5.3   Regulação de Big Data.

A regulação pode desempenhar um papel importante ao assegurar que os mercados funcionam corretamente (Gov.Uk, 2015). Porém, todo o contexto do Big Data é bastante novo e permeado por volatilidades e o fato de permanecer uma certa falta de conhecimento nessa área leva as instituições que gerenciam a livre concorrência e as regulações do mercado a seguirem com cautela quando se trata dos desafios impostos pelo Big Data.

É necessário que a sociedade se conscientize de que o Big Data não só desafia os instrumentos de regulação existentes, mas que obrigará as autoridades a criarem instrumentos de controle, na medida em que a própria sociedade está a adaptar-se ao mesmo (Hamad, 2015).

Paralelamente, alguns estudos apontam que a implementação de regimes rígidos que visam assegurar a proteção da privacidade, pode criar distorções nos mercados, uma vez que os mesmos diminuem o potencial de análise dos consumidores alvo e por conseguinte prejudicam o desenvolvimento do comércio via internet. A inovação pode sair igualmente prejudicada (Acquisti et al., 2016).

Contudo apesar dos desafios impostos pelo Big Data, os países não têm sido indiferentes a tais dilemas, embora sejam um tanto dissonantes nas ações que têm vindo a tomar.

A UE[36] tem se esforçado para criar barreiras para evitar o uso de informação de forma abusiva, bem como para evitar o uso inadequado da mesma. Tem reforçado a sua posição em regular essa questão, uma vez que após quatro anos de negociações ela adotou o RGPD[37] em 14 de abril de 2016.

---

[36] União Européia.

[37] Regulamento Geral de Proteção de Dados – RGPD. É um Regulamento da UE de 2016/679, do Parlamento Europeu e do Conselho de 27 de abril de 2016 relativo à proteção das pessoas singulares no que diz respeito ao tratamento de dados pessoais e à livre circulação desses dados.

O regulamento traz mudanças significativas para a proteção de dados pessoais dos cidadãos da UE, e vai mais longe do que uniformizar as leis nacionais de proteção de dados em toda a UE. Ele introduz princípios importantes, tais como a exigência do consentimento explícito dos consumidores para que a informação sobre eles possa ser utilizada pelas empresas, bem como o direito ao esquecimento que é considerado um dos princípios mais exigentes que o regulamento impõe as empresas.

O RGPD também introduz:

- A portabilidade dos dados.

  O ato de transferir dados de uma empresa para outra, conforme a solicitação do titular. Assim, se um indivíduo desejar alterar o fornecedor de um serviço ou produto, basta solicitar a portabilidade e a empresa terá que transferir seus dados pessoais para outra.

- A proteção de dados desde a concepção.

  O conceito Privacy by Design, privacidade desde a concepção, surgiu na década de 90 e está atualmente incorporada à lei de proteção de dados. Por este motivo é tão importante que haja meios seguros e transparentes de coleta e tratamento de dados. Deste modo, ambas as partes garantem a segurança e privacidade de informações.

- A figura do data protection officer.

  É uma entidade que terá de ser designada pelas empresas para zelar pela proteção da informação dos indivíduos bem como assegurar que os procedimentos exigidos pelo RGPD são cumpridos pela empresa a quem o mesmo pertence.

A figura em questão entra em cena quando as empresas passam a ter grandes volumes de dados em seus processos ou quando a informação em questão é sensível, como é caso da informação proveniente de setores como saúde e finanças.

O RGPD tem recepção automática nos sistemas jurídicos de todos os países membros da UE e é de aplicação obrigatória. Sendo que ele prevê a aplicação de multas que podem chegar a 20 milhões de euros e 4% do volume total de negócios das empresas em caso de constatação de comportamento danoso aos cidadãos.

6 Conclusão.

Ao longo deste livro, exploramos os fundamentos e os desafios da implementação de Big Data, desvendando um tema que é tanto técnico quanto estratégico. Iniciamos com os conceitos de integração e qualidade de dados, passando pela gestão de fluxos em tempo real e o processamento de eventos complexos – habilidades indispensáveis em um mundo onde decisões rápidas são essenciais.

Seguimos com a virtualização, uma peça-chave para escalar a infraestrutura de dados, e abordamos o papel da computação em nuvem como habilitadora de inovação, embora não sem os seus riscos inerentes.

Além disso, discutimos estratégias práticas de implementação, que incluem a definição de objetivos claros, avaliação da infraestrutura, identificação de fontes de dados e seleção das tecnologias mais adequadas. Por fim, destacamos a importância de práticas robustas de segurança e governança, e analisamos o impacto ético e social das decisões tomadas na era do Big Data.

Esta jornada não apenas apresenta uma visão integrada sobre como implementar soluções de Big Data, mas também enfatiza a necessidade de um ciclo contínuo de aprimoramento e monitoramento. Afinal, o verdadeiro valor do Big Data não reside apenas na tecnologia, mas na capacidade de gerar insights relevantes e aplicáveis, promovendo impacto real em organizações e na sociedade.

Este livro é parte de uma coleção dedicada a explorar os diversos componentes que compõem o ecossistema da inteligência artificial. Cada volume oferece um mergulho aprofundado em temas complementares, como arquitetura de Big Data, governança, administração e estratégias analíticas. Juntos, formam um guia completo para quem deseja dominar as tecnologias que estão moldando o futuro.

Ao continuar sua jornada pela coleção, você terá a oportunidade de expandir sua compreensão sobre como integrar Big Data e inteligência artificial, maximizando valor e eficiência em projetos que definem a nova era digital.

O futuro pertence àqueles que sabem como aproveitar o poder dos dados e da inteligência artificial. E você já deu o primeiro passo. Agora, é hora de seguir em frente.

Adquira a coleção completa e transforme seu potencial em realidade.

7 Bibliografia.

ACQUISTI, A., BRANDIMARTE, L., & LOEWENSTEIN, G. (2015). Privacy and human behavior in the age of information. Science, 347(6221), 509-514. Disponível em: https://www.heinz.cmu.edu/~acquisti/papers/Acquisti-Science-Privacy-Review.pdf.

ACQUISTI, A., TAYLOR, C., & WAGMAN, L. (2016). The economics of privacy. Journal of Economic Literature, 54(2), 442-92.

AKIDAU, Tyler, CHERNYAK, Slava, LAX, Reuven. (2019). Streaming Systems: The What, Where, When, and How of Large-Scale Data Processing.

ALGORITHMWATCH. (2019) Automating Society 2019. Disponível em: https://algorithmwatch.org/en/automating-society-2019/

ARMSTRONG, M. (2006). Competition in two-sided markets. The RAND Journal of Economics.

ARMSTRONG, M. (2006). Competition in two-sided markets. The RAND Journal of Economics, 37(3), 668-691.

BELKIN, N.J. (1978). Information concepts for information science. Journal of Documentation, v. 34, n. 1, p. 55-85.

BOLLIER, D., & Firestone, C. M. (2010). The promise and peril of Big Data. Washington, DC: Aspen Institute, Communications and Society Program.

BOYD, D; CRAWFORD, K. (2012). Critical Questions for Big Data: Provocations for a Cultural, Technological, and Scholarly Phenomenon. Information, Communication, & Society v.15, n.5, p. 662-679.

BRETON, P. & PROULX S. (1989). L'explosion de la communication. la naissance d'une nouvelle idéologie. Paris: La Découverte.

BUBENKO, J. A., WANGLER, B. (1993). "Objectives Driven Capture of Business Rules and of Information System Requirements". IEEE Systems Man and Cybernetics'93 Conference, Le Touquet, France.

CHEN, H., CHIANG, R. H., & STOREY, V. C. (2012). Business Intelligence and Analytics: From Big Data to Big Impact. MIS Quarterly.

CHENG, Y., Qin, c., & RUSU, F. (2012). Big Data Analytics made easy. SIGMOD '12 Proceedings of the 2012 ACM SIGMOD International Conference on Management of Data New York.

COHEN, Reuven. (2012). Brazil's Booming Business of Big Data – Disponível em: https://www.forbes.com/sites/reuvencohen/2012/12/12/brazil s-booming-business-of-bigdata/?sh=1de7e6bc4682

COMPUTERWORLD. (2016) Dez casos de Big Data que garantiram expressivo retorno sobre investimento. Disponível em: https://computerworld.com.br/plataformas/10-casos-de-big-data-que-garantiram-expressivo-retorno-sobre-investimento/.

DAVENPORT, T. H. (2014). Big Data no trabalho: derrubando mitos e descobrindo oportunidades. Rio de Janeiro: Elsevier.

DAVENPORT, T; PATIL, D. (2012). Data scientist: the sexiest job of the 21st century. Harvard Business Review. Disponível em: https://hbr.org/2012/10/data-scientist-the-sexiest-job-of-the-21st-century.

DAVENPORT, T; PATIL, D. (2012). Data scientist: the sexiest job of the 21st century. Harvard Business Review. Disponível em: https://hbr.org/2012/10/data-scientist-the-sexiest-job-of-the-21st-century.

DIXON, James. 2010. Pentaho, Hadoop, and Data Lakes. Blog, October. Disponível em: https://jamesdixon.wordpress.com/2010/10/14/pentaho-hadoop-and-data-lakes/

EDWARD Choi, M. T. (2017). RETAIN: An Interpretable Predictive Model for Healthcare using Reverse Time Attention Mechanism. Disponível em https://arxiv.org/pdf/1608.05745.pdf

GLASS, R. ;CALLAHAN, (2015).S. The Big Data-Driven Business: How to Use Big Data to Win Customers, Beat Competitors, and Boost Profit. New Jersey: John Wiley & Sons, Inc.

GÓMEZ-BARROSO, J. L. (2018). Experiments on personal information disclosure: Past and future avenues. Telematics and Informatics, 35(5), 1473-1490.Disponível em: https://doi.org/10.1016/j.tele.2018.03.017

GUALTIERI, M. (2013). Big Data Predictive Analytics Solutions. Massachusetts: Forrester.

HALPER, F. (2013). How To Gain Insight From Text. TDWI Checklist Report.

HALPER, F., & KRISHNAN, K. (2013). TDWI Big Data Maturity Model Guide Interpreting Your Assessment Score. TDWI Benchmark Guide 2013–2014.

HELBING, D. (2014). The World after Big Data: What the Digital Revolution Means for Us. Disponível em: http://papers.ssrn.com/sol3/papers.cfm?abstract_id=2438957.

HELBING, D. (2015a). Big Data Society: Age of Reputation or Age of Discrimination?. In: HELBING, D. Thinking Ahead-Essays on Big Data, Digital Revolution, and Participatory Market Society. Springer International Publishing. p. 103-114.

HELBING, D. (2015b). Thinking Ahead-Essays on Big Data, Digital Revolution, and Participatory Market Society. Springer International Publishing.

HILBERT, M. (2013). Big Data for Development: From Information to Knowledge Societies. Disponível em https://www.researchgate.net/publication/254950835_Big_Dat a_for_Development_From_Information-_to_Knowledge_Societies.

IBM. (2014). Exploiting Big Data in telecommunications to increase revenue, reduce customer churn and operating costs. Fonte: IBM: http://www-01.ibm.com/software/data/bigdata/industry-telco.html.

INMON, W. H. (1992). Building the Data Warehouse. John Wiley & Sons, New Yorkm NY, USA.

INMON, W. H. (1996). Building the Data Warehouse. John Wiley & Sons, New Yorkm NY, USA.2nd edition.

JARVELIN, K. & Vakkari, P. (1993) The evolution of Library and Information Science 1965-1985: a content analysis of journal articles. Information Processing & Management, v.29, n.1, p. 129-144.

KAMIOKA, T; TAPANAINEN, T. (2014). Organizational use of Big Data and competitive advantage - Exploration of Antecedents. Disponível em: https://www.researchgate.net/publication/284551664_Organiz ational_Use_of_Big_Data_and_Competitive_Advantage_-_Exploration_of_Antecedents.

KANDALKAR, N.A; WADHE, A. (2014). Extracting Large Data using Big Data Mining, International Journal of Engineering Trends and Technology. v. 9, n.11, p.576-582.

KIMBALL, R.; ROSS, M. (2013). The Data Warehouse Toolkit: The Definitive Guide to Dimensional Modeling, Third Edition. Wiley 10475 Crosspoint Boulevard Indianapolis, IN 46256: John Wiley & Sons, Inc.

KSHETRI, N. (2014). Big Data' s impact on privacy, security and consumer welfare. Telecommunications Policy, 38 (11), 1134-1145.

LAVALLE, S., LESSER, E., SHOCKLEY, R., HOPKINS, M. S., & KRUSCHWITZ, N. (2010). Big Data, Analytics and the Path From Insights to Value.

LOHR, S. (2012). The Age of Big Data. The New York Times.

MACHADO, Felipe Nery Rodrigues. 2018. Banco de Dados-Projeto e Implementação. [S.l.]: Editora Saraiva.

MANYIKA, J., CHUI, M., BROWN, B., BUGHIN, J., DOBBS, R., ROXBURGH, C., & BYERS, A. H. (2011). Big Data: The next frontier for innovation, competition, and productivity.

OHLHORST, J. F. (2012). Big Data Analytics: Turning Big Data into Big Money. Wiley.

OSWALDO, T., PJOTR, P., MARC, S., & RITSERT, C. J. (2011). Big Data, but are we ready? Disponível em: https://www.nature.com/articles/nrg2857-c1.

PAVLO, A., PAULSON, E., RASIN, A., ABADI, D. J., DEWITT, D. J., MADDEN, S., & STONEBRAKER, M. (2009). A comparison of approaches to large-scale data analysis. SIGMOD, pp. 165–178.

RAJ, P., & DEKA, G. C. (2012). Handbook of Research on Cloud Infrastructures for Big Data Analytics. Information Science: IGI Global.

SUBRAMANIAM, Anushree. 2020. What is Big Data? – A Beginner's Guide to the World of Big Data. Disponível em: edureka.co/blog/what-is-big-data/.

TANKARD, C. (2012). Big Data security, Network Security, Volume 2012, Issue7, July 2012, Pages 5 -8, ISSN 1353-4858.

TM FORUM. (2005). Sla management handbook - volume 2. Technical Report GB9712, TeleManagement Forum.

VAISHNAVI, V. K., & KUECHLER, W. (2004). Design Science Research in Information Systems.

VAN AALST, W. M., VAN HEE, K. M., VAN WERF, J. M., & VERDONK, M. (March de 2010). Auditing 2.0: Using Process Mining to Support Tomorrow's Auditor. Computer (Volume:43, Issue:3.

WANG, Y., KUNG, L., & BYRD, T. A. (2018). Big Data analytics: Understanding its capabilities and potential benefits for healthcare organizations. Technological Forecasting and Social Change, 126, 3-13.

WIDJAYA, Ivan. (2019). What are the costs of big data? Disponível em: http://www.smbceo.com/2019/09/04/what-are-the-costs-of-big-data/

8 Coleção Big Data: Desvendando o Futuro dos Dados em uma Coleção Essencial.

A coleção *Big Data* foi criada para ser um guia indispensável para profissionais, estudantes e entusiastas que desejam navegar com confiança no vasto e fascinante universo dos dados. Em um mundo cada vez mais digital e interconectado, o Big Data não é apenas uma ferramenta, mas uma estratégia fundamental para a transformação de negócios, processos e decisões. Esta coleção se propõe a simplificar conceitos complexos e capacitar seus leitores a transformar dados em insights valiosos.

Cada volume da coleção aborda um componente essencial dessa área, combinando teoria e prática para oferecer uma compreensão ampla e integrada. Você encontrará temas como:

Além de explorar os fundamentos, a coleção também se projeta para o futuro, com discussões sobre tendências emergentes, como a integração de inteligência artificial, análise de texto e a governança em ambientes cada vez mais dinâmicos e globais.

Seja você um gestor buscando maneiras de otimizar processos, um cientista de dados explorando novas técnicas ou um iniciante curioso para entender o impacto dos dados no cotidiano, a coleção *Big Data* é a parceira ideal nessa jornada. Cada livro foi desenvolvido com uma linguagem acessível, mas tecnicamente sólida, permitindo que leitores de todos os níveis avancem em suas compreensões e habilidades.

Prepare-se para dominar o poder dos dados e se destacar em um mercado que não para de evoluir. A coleção *Big Data* está disponível na Amazon e é a chave para desvendar o futuro da inteligência impulsionada por dados.

8.1 Para Quem É a Coleção Big Data.

A coleção *Big Data* foi concebida para atender a um público diverso, que compartilha o objetivo de entender e aplicar o poder dos dados em um mundo cada vez mais orientado por informações. Seja você um profissional experiente ou alguém começando sua jornada na área de tecnologia e dados, esta coleção oferece insights valiosos, exemplos práticos e ferramentas indispensáveis.

1. Profissionais de Tecnologia e Dados.

Cientistas de dados, engenheiros de dados, analistas e desenvolvedores encontrarão na coleção os fundamentos necessários para dominar conceitos como Big Data Analytics, computação distribuída, Hadoop e ferramentas avançadas. Cada volume aborda tópicos técnicos de forma prática, com explicações claras e exemplos que podem ser aplicados no dia a dia.

2. Gestores e Líderes Organizacionais.

Para líderes e gestores, a coleção oferece uma visão estratégica sobre como implementar e gerenciar projetos de Big Data. Os livros mostram como utilizar dados para otimizar processos, identificar oportunidades e tomar decisões embasadas. Exemplos reais ilustram como empresas têm usado o Big Data para transformar seus negócios em setores como varejo, saúde e meio ambiente.

3. Empreendedores e Pequenas Empresas.

Empreendedores e donos de pequenas empresas que desejam alavancar o poder dos dados para melhorar sua competitividade também podem se beneficiar. A coleção apresenta estratégias práticas para usar o Big Data de forma escalável, desmistificando a ideia de que essa tecnologia é exclusiva para grandes corporações.

4. Estudantes e Iniciantes na Área.

Se você é um estudante ou está começando a explorar o universo do Big Data, esta coleção é o ponto de partida perfeito. Com uma linguagem acessível e exemplos práticos, os livros tornam conceitos complexos mais compreensíveis, preparando você para mergulhar mais fundo na ciência de dados e na inteligência artificial.

5. Curiosos e Entusiastas de Tecnologia.

Para aqueles que, mesmo fora do ambiente corporativo ou acadêmico, têm interesse em entender como o Big Data está moldando o mundo, a coleção oferece uma introdução fascinante e educativa. Descubra como os dados estão transformando áreas tão diversas quanto saúde, sustentabilidade e comportamento humano.

Independentemente do seu nível de conhecimento ou do setor em que atua, a coleção *Big Data* foi criada para capacitar seus leitores com informações práticas, tendências emergentes e uma visão abrangente sobre o futuro dos dados. Se você busca compreender e aplicar o poder do Big Data para crescer profissionalmente ou transformar seu negócio, esta coleção é para você. Disponível na Amazon, ela é o guia essencial para dominar o impacto dos dados na era digital.

8.2   Conheça os livros da Coleção.

8.2.1   Simplificando o Big Data em 7 Capítulos.

Este livro é um guia essencial para quem deseja compreender e aplicar os conceitos fundamentais do Big Data de forma clara e prática. Em um formato direto e acessível, o livro aborda desde os pilares teóricos, como os 5 Vs do Big Data, até ferramentas e técnicas modernas, incluindo Hadoop e Big Data Analytics.

Explorando exemplos reais e estratégias aplicáveis em áreas como saúde, varejo e meio ambiente, esta obra é ideal para profissionais de tecnologia, gestores, empreendedores e estudantes que buscam transformar dados em insights valiosos.

Com uma abordagem que conecta teoria e prática, este livro é o ponto de partida perfeito para dominar o universo do Big Data e alavancar suas possibilidades.

8.2.2 Gestão de Big Data.

Este livro oferece uma abordagem prática e abrangente para atender a um público diversificado, desde analistas iniciantes a gestores experientes, estudantes e empreendedores.

Com foco na gestão eficiente de grandes volumes de informações, esta obra apresenta análises profundas, exemplos reais, comparações entre tecnologias como Hadoop e Apache Spark, e estratégias práticas para evitar armadilhas e impulsionar o sucesso.

Cada capítulo é estruturado para fornecer insights aplicáveis, desde os fundamentos até ferramentas avançadas de análise.

8.2.3 Arquitetura de Big Data.

Este livro destina-se a um público diversificado, incluindo arquitetos de dados que precisam construir plataformas robustas, analistas que desejam entender como camadas de dados se integram e executivos que buscam embasamento para decisões informadas. Estudantes e pesquisadores em ciência da computação, engenharia de dados e administração também encontrarão aqui uma referência sólida e atualizada.

O conteúdo combina abordagem prática e rigor conceitual. Você será guiado desde os fundamentos, como os 5 Vs do Big Data, até a complexidade das arquiteturas em camadas, abrangendo infraestrutura, segurança, ferramentas analíticas e padrões de armazenamento como Data Lake e Data Warehouse. Além disso, exemplos claros, estudos de caso reais e comparações tecnológicas ajudarão a transformar conhecimento teórico em aplicações práticas e estratégias eficazes.

8.2.4 Implementação de Big Data.

Este volume foi cuidadosamente elaborado para ser um guia prático e acessível, conectando a teoria à prática para profissionais e estudantes que desejam dominar a implementação estratégica de soluções de Big Data.

Ele aborda desde a análise de qualidade e integração de dados até temas como processamento em tempo real, virtualização, segurança e governança, oferecendo exemplos claros e aplicáveis.

8.2.5 Estratégias para Reduzir Custos e Maximizar Investimentos de Big Data.

Com uma abordagem prática e fundamentada, esta obra oferece análises detalhadas, estudos de caso reais e soluções estratégicas para gestores de TI, analistas de dados, empreendedores e profissionais de negócios.

Este livro é um guia indispensável para entender e otimizar os custos associados à implementação de Big Data, abordando desde armazenamento e processamento até estratégias específicas para pequenas empresas e análise de custos em nuvem.

Como parte da coleção "Big Data", ele se conecta a outros volumes que exploram profundamente as dimensões técnicas e estratégicas do campo, formando uma biblioteca essencial para quem busca dominar os desafios e oportunidades da era digital.

8.2.6 Coleção 700 perguntas de Big Data.

Esta coleção foi projetada para proporcionar um aprendizado dinâmico, desafiador e prático. Com 700 perguntas estrategicamente elaboradas e distribuídas em 5 volumes, ela permite que você avance no domínio do Big Data de forma progressiva e engajante. Cada resposta é uma oportunidade de expandir sua visão e aplicar conceitos de maneira realista e eficaz.

A coleção é composta dos seguintes livros:

1   BIG DATA: 700 Perguntas - Volume 1.

Trata da informação como matéria-prima de tudo, dos conceitos fundamentais e das aplicações de Big Data.

2   BIG DATA: 700 Perguntas - Volume 2.

Aborda o Big Data no contexto da ciência da informação, tendências tecnológicas de dados e analytcs, Augmented analytics, inteligência contínua, computação distribuída e latência.

3   BIG DATA: 700 Perguntas - Volume 3.

Contempla os aspectos tecnológicos e de gestão do Big Data, data mining, árvores de classificação, regressão logística e profissões no contexto do Big Data.

4   BIG DATA: 700 Perguntas - Volume 4.

Trata dos requisitos para gestão de Big Data, as estruturas de dados utilizadas, as camadas da arquitetura e de armazenamento, Business intelligence no contexto do Big Data e virtualização de aplicativos.

5   BIG DATA: 700 Perguntas - Volume 5.

O livro trata de SAAS, IAAS E PAAS, implementação de Big Data, custos gerais e ocultos, Big Data para pequenas empresas, segurança digital e data warehouse no contexto do Big Data.

8.2.7   Glossário de Big Data.

À medida que os dados em larga escala se tornam o coração das decisões estratégicas em diversos setores, este livro oferece uma ponte entre o jargão técnico e a clareza prática, permitindo transformar informações complexas em insights valiosos.

Com definições claras, exemplos práticos e uma organização intuitiva, este glossário foi projetado para atender a uma ampla gama de leitores – desde desenvolvedores e engenheiros de dados até gestores e curiosos que buscam explorar o impacto transformador do Big Data em suas áreas de atuação.

9 Descubra a Coleção "Inteligência Artificial e o Poder dos Dados" – Um Convite para Transformar sua Carreira e Conhecimento.

A Coleção "Inteligência Artificial e o Poder dos Dados" foi criada para quem deseja não apenas entender a Inteligência Artificial (IA), mas também aplicá-la de forma estratégica e prática.

Em uma série de volumes cuidadosamente elaborados, desvendo conceitos complexos de maneira clara e acessível, garantindo ao leitor uma compreensão completa da IA e de seu impacto nas sociedades modernas.

Não importa seu nível de familiaridade com o tema: esta coleção transforma o difícil em didático, o teórico em aplicável e o técnico em algo poderoso para sua carreira.

9.1 Por Que Comprar Esta Coleção?

Estamos vivendo uma revolução tecnológica sem precedentes, onde a IA é a força motriz em áreas como medicina, finanças, educação, governo e entretenimento.

A coleção "Inteligência Artificial e o Poder dos Dados" mergulha profundamente em todos esses setores, com exemplos práticos e reflexões que vão muito além dos conceitos tradicionais.

Você encontrará tanto o conhecimento técnico quanto as implicações éticas e sociais da IA incentivando você a ver essa tecnologia não apenas como uma ferramenta, mas como um verdadeiro agente de transformação.

Cada volume é uma peça fundamental deste quebra-cabeça inovador: do aprendizado de máquina à governança de dados e da ética à aplicação prática.

Com a orientação de um autor experiente, que combina pesquisa acadêmica com anos de atuação prática, esta coleção é mais do que um conjunto de livros – é um guia indispensável para quem quer navegar e se destacar nesse campo em expansão.

9.2 Público-Alvo desta Coleção?

Esta coleção é para todos que desejam ter um papel de destaque na era da IA:

- ✓ Profissionais da Tecnologia: recebem insights técnicos profundos para expandir suas habilidades.

- ✓ Estudantes e Curiosos: têm acesso a explicações claras que facilitam o entendimento do complexo universo da IA.

- ✓ Gestores, líderes empresariais e formuladores de políticas também se beneficiarão da visão estratégica sobre a IA, essencial para a tomada de decisões bem-informadas.

- ✓ Profissionais em Transição de Carreira: Profissionais em transição de carreira ou interessados em se especializar em IA encontram aqui um material completo para construir sua trajetória de aprendizado.

9.3 Muito Mais do Que Técnica – Uma Transformação Completa.

Esta coleção não é apenas uma série de livros técnicos; é uma ferramenta de crescimento intelectual e profissional.

Com ela, você vai muito além da teoria: cada volume convida a uma reflexão profunda sobre o futuro da humanidade em um mundo onde máquinas e algoritmos estão cada vez mais presentes.

Este é o seu convite para dominar o conhecimento que vai definir o futuro e se tornar parte da transformação que a Inteligência Artificial traz ao mundo.

Seja um líder em seu setor, domine as habilidades que o mercado exige e prepare-se para o futuro com a coleção "Inteligência Artificial e o Poder dos Dados".

Esta não é apenas uma compra; é um investimento decisivo na sua jornada de aprendizado e desenvolvimento profissional.

10 Os Livros da Coleção.

10.1 Dados, Informação e Conhecimento na era da Inteligência Artificial.

Este livro explora de forma essencial as bases teóricas e práticas da Inteligência Artificial, desde a coleta de dados até sua transformação em inteligência. Ele foca, principalmente, no aprendizado de máquina, no treinamento de IA e nas redes neurais.

10.2 Dos Dados em Ouro: Como Transformar Informação em Sabedoria na Era da IA.

Este livro oferece uma análise crítica sobre a evolução da Inteligência Artificial, desde os dados brutos até a criação de sabedoria artificial, integrando redes neurais, aprendizado profundo e modelagem de conhecimento.

Apresenta exemplos práticos em saúde, finanças e educação, e aborda desafios éticos e técnicos.

10.3 Desafios e Limitações dos Dados na IA.

O livro oferece uma análise profunda sobre o papel dos dados no desenvolvimento da IA explorando temas como qualidade, viés, privacidade, segurança e escalabilidade com estudos de caso práticos em saúde, finanças e segurança pública.

10.4 Dados Históricos em Bases de Dados para IA: Estruturas, Preservação e Expurgo.

Este livro investiga como a gestão de dados históricos é essencial para o sucesso de projetos de IA. Aborda a relevância das normas ISO para garantir qualidade e segurança, além de analisar tendências e inovações no tratamento de dados.

10.5 Vocabulário Controlado para Dicionário de Dados: Um Guia Completo.

Este guia completo explora as vantagens e desafios da implementação de vocabulários controlados no contexto da IA e da ciência da informação. Com uma abordagem detalhada, aborda desde a nomeação de elementos de dados até as interações entre semântica e cognição.

10.6 Curadoria e Administração de Dados para a Era da IA.

Esta obra apresenta estratégias avançadas para transformar dados brutos em insights valiosos, com foco na curadoria meticulosa e administração eficiente dos dados. Além de soluções técnicas, aborda questões éticas e legais, capacitando o leitor a enfrentar os desafios complexos da informação.

10.7 Arquitetura de Informação.

A obra aborda a gestão de dados na era digital, combinando teoria e prática para criar sistemas de IA eficientes e escaláveis, com insights sobre modelagem e desafios éticos e legais.

10.8 Fundamentos: O Essencial para Dominar a Inteligência Artificial.

Uma obra essencial para quem deseja dominar os conceitos-chave da IA, com uma abordagem acessível e exemplos práticos. O livro explora inovações como Machine Learning e Processamento de Linguagem

Natural, além dos desafios éticos e legais e oferece uma visão clara do impacto da IA em diversos setores.

10.9   LLMS - Modelos de Linguagem de Grande Escala.

Este guia essencial ajuda a compreender a revolução dos Modelos de Linguagem de Grande Escala (LLMs) na IA.

O livro explora a evolução dos GPTs e as últimas inovações em interação humano-computador, oferecendo insights práticos sobre seu impacto em setores como saúde, educação e finanças.

10.10   Machine Learning: Fundamentos e Avanços.

Este livro oferece uma visão abrangente sobre algoritmos supervisionados e não supervisionados, redes neurais profundas e aprendizado federado. Além de abordar questões de ética e explicabilidade dos modelos.

10.11   Por Dentro das Mentes Sintéticas.

Este livro revela como essas 'mentes sintéticas' estão redefinindo a criatividade, o trabalho e as interações humanas. Esta obra apresenta uma análise detalhada dos desafios e oportunidades proporcionados por essas tecnologias, explorando seu impacto profundo na sociedade.

10.12   A Questão dos Direitos Autorais.

Este livro convida o leitor a explorar o futuro da criatividade em um mundo onde a colaboração entre humanos e máquinas é uma realidade, abordando questões sobre autoria, originalidade e propriedade intelectual na era das IAs generativas.

10.13   1121 Perguntas e Respostas: Do Básico ao Complexo– Parte 1 A 4.

Organizadas em quatro volumes, estas perguntas servem como guias práticos essenciais para dominar os principais conceitos da IA.

A Parte 1 aborda informação, dados, geoprocessamento, a evolução da inteligência artificial, seus marcos históricos e conceitos básicos.

A Parte 2 aprofunda-se em conceitos complexos como aprendizado de máquina, processamento de linguagem natural, visão computacional, robótica e algoritmos de decisão.

A Parte 3 aborda questões como privacidade de dados, automação do trabalho e o impacto de modelos de linguagem de grande escala (LLMs).

Parte 4 explora o papel central dos dados na era da inteligência artificial, aprofundando os fundamentos da IA e suas aplicações em áreas como saúde mental, governo e combate à corrupção.

10.14   O Glossário Definitivo da Inteligência Artificial.

Este glossário apresenta mais de mil conceitos de inteligência artificial explicados de forma clara, abordando temas como Machine Learning, Processamento de Linguagem Natural, Visão Computacional e Ética em IA.

- A parte 1 contempla conceitos iniciados pelas letras de A a D.
- A parte 2 contempla conceitos iniciados pelas letras de E a M.
- A parte 3 contempla conceitos iniciados pelas letras de N a Z.

10.15   Engenharia de Prompt - Volumes 1 a 6.

Esta coleção abrange todos os fundamentos da engenharia de prompt, proporcionando uma base completa para o desenvolvimento profissional.

Com uma rica variedade de prompts para áreas como liderança, marketing digital e tecnologia da informação, oferece exemplos práticos para melhorar a clareza, a tomada de decisões e obter insights valiosos.

Os volumes abordam os seguintes assuntos:

- Volume 1: Fundamentos. Conceitos Estruturadores e História da Engenharia de Prompt.
- Volume 2: Segurança e Privacidade em IA.
- Volume 3: Modelos de Linguagem, Tokenização e Métodos de Treinamento.
- Volume 4: Como Fazer Perguntas Corretas.
- Volume 5: Estudos de Casos e Erros.
- Volume 6: Os Melhores Prompts.

10.16 Guia para ser um Engenheiro De Prompt – Volumes 1 e 2.

A coleção explora os fundamentos avançados e as habilidades necessárias para ser um engenheiro de prompt bem-sucedido, destacando os benefícios, riscos e o papel crítico que essa função desempenha no desenvolvimento da inteligência artificial.

O Volume 1 aborda a elaboração de prompts eficazes, enquanto o Volume 2 é um guia para compreender e aplicar os fundamentos da Engenharia de Prompt.

10.17 Governança de Dados com IA – Volumes 1 a 3.

Descubra como implementar uma governança de dados eficaz com esta coleção abrangente. Oferecendo orientações práticas, esta coleção abrange desde a arquitetura e organização de dados até a proteção e garantia de qualidade, proporcionando uma visão completa para transformar dados em ativos estratégicos.

O volume 1 aborda as práticas e regulações. O volume 2 explora em profundidade os processos, técnicas e melhores práticas para realizar auditorias eficazes em modelos de dados. O volume 3 é seu guia definitivo para implantação da governança de dados com IA.

10.18 Governança de Algoritmos.

Este livro analisa o impacto dos algoritmos na sociedade, explorando seus fundamentos e abordando questões éticas e regulatórias. Aborda transparência, accountability e vieses, com soluções práticas para auditar e monitorar algoritmos em setores como finanças, saúde e educação.

10.19 De Profissional de Ti para Expert em IA: O Guia Definitivo para uma Transição de Carreira Bem-Sucedida.

Para profissionais de Tecnologia da Informação, a transição para a IA representa uma oportunidade única de aprimorar habilidades e contribuir para o desenvolvimento de soluções inovadoras que moldam o futuro.

Neste livro, investigamos os motivos para fazer essa transição, as habilidades essenciais, a melhor trilha de aprendizado e as perspectivas para o futuro do mercado de trabalho em TI.

10.20 Liderança Inteligente com IA: Transforme sua Equipe e Impulsione Resultados.

Este livro revela como a inteligência artificial pode revolucionar a gestão de equipes e maximizar o desempenho organizacional.

Combinando técnicas de liderança tradicionais com insights proporcionados pela IA, como a liderança baseada em análise preditiva, você aprenderá a otimizar processos, tomar decisões mais estratégicas e criar equipes mais eficientes e engajadas.

10.21 Impactos e Transformações: Coleção Completa.

Esta coleção oferece uma análise abrangente e multifacetada das transformações provocadas pela Inteligência Artificial na sociedade contemporânea.

- Volume 1: Desafios e Soluções na Detecção de Textos Gerados por Inteligência Artificial.

- Volume 2: A Era das Bolhas de Filtro. Inteligência Artificial e a Ilusão de Liberdade.
- Volume 3: Criação de Conteúdo com IA - Como Fazer?
- Volume 4: A Singularidade Está Mais Próxima do que Você Imagina.
- Volume 5: Burrice Humana versus Inteligência Artificial.
- Volume 6: A Era da Burrice! Um Culto à Estupidez?
- Volume 7: Autonomia em Movimento: A Revolução dos Veículos Inteligentes.
- Volume 8: Poiesis e Criatividade com IA.
- Volume 9: Dupla perfeita: IA + automação.
- Volume 10: Quem detém o poder dos dados?

10.22 Big Data com IA: Coleção Completa.

A coleção aborda desde os fundamentos tecnológicos e a arquitetura de Big Data até a administração e o glossário de termos técnicos essenciais.

A coleção também discute o futuro da relação da humanidade com o enorme volume de dados gerados nas bases de dados de treinamento em estruturação de Big Data.

- Volume 1: Fundamentos.
- Volume 2: Arquitetura.
- Volume 3: Implementação.
- Volume 4: Administração.
- Volume 5: Temas Essenciais e Definições.
- Volume 6: Data Warehouse, Big Data e IA.

11 Sobre o Autor.

Sou Marcus Pinto, mais conhecido como Prof. Marcão, especialista em tecnologia da informação, arquitetura da informação e inteligência artificial.

Com mais de quatro décadas de atuação e pesquisa dedicadas, construí uma trajetória sólida e reconhecida, sempre focada em tornar o conhecimento técnico acessível e aplicável a todos os que buscam entender e se destacar nesse campo transformador.

Minha experiência abrange consultoria estratégica, educação e autoria, além de uma atuação extensa como analista de arquitetura de informação.

Essa vivência me capacita a oferecer soluções inovadoras e adaptadas às necessidades em constante evolução do mercado tecnológico, antecipando tendências e criando pontes entre o saber técnico e o impacto prático.

Ao longo dos anos, desenvolvi uma expertise abrangente e aprofundada em dados, inteligência artificial e governança da informação – áreas que se tornaram essenciais para a construção de sistemas robustos e seguros, capazes de lidar com o vasto volume de dados que molda o mundo atual.

Minha coleção de livros, disponível na Amazon, reflete essa expertise, abordando temas como Governança de Dados, Big Data e Inteligência Artificial com um enfoque claro em aplicações práticas e visão estratégica.

Autor de mais de 150 livros, investigo o impacto da inteligência artificial em múltiplas esferas, explorando desde suas bases técnicas até as questões éticas que se tornam cada vez mais urgentes com a adoção dessa tecnologia em larga escala.

Em minhas palestras e mentorias, compartilho não apenas o valor da IA, mas também os desafios e responsabilidades que acompanham sua implementação – elementos que considero essenciais para uma adoção ética e consciente.

Acredito que a evolução tecnológica é um caminho inevitável. Meus livros são uma proposta de guia nesse trajeto, oferecendo insights profundos e acessíveis para quem deseja não apenas entender, mas dominar as tecnologias do futuro.

Com um olhar focado na educação e no desenvolvimento humano, convido você a se unir a mim nessa jornada transformadora, explorando as possibilidades e desafios que essa era digital nos reserva.

12 Como Contatar o Prof. Marcão.

12.1   Para palestras, treinamento e mentoria empresarial.

marcao.tecno@gmail.com

12.2   Prof. Marcão, no Linkedin.

https://bit.ly/linkedin_profmarcao

www.ingramcontent.com/pod-product-compliance
Lightning Source LLC
LaVergne TN
LVHW051706050326
832903LV00032B/4037